JN434697

정브르

132만 구독자를 보유한 생물 크리에이터. 곤충과 파충류부터 바다생물까지 다양한 생물을 소개하는 참신한 콘텐츠를 선보이며 생물 전문 크리에이터로 큰 사랑을 받고 있답니다. 유튜브 채널에서 동물 사육, 채집, 과학 실험 등의 재미있고 유익한 영상을 소개하고 있으며, 도서와 영화를 통해 고유의 콘텐츠와 더불어 동물을 사랑하는 마음까지 대중에게 알리고 있어요.

정브르의
희귀동물일기

1판 1쇄 발행 2023년 7월 27일
1판 3쇄 발행 2023년 9월 20일

발행인 | 심정섭
편집인 | 안예남
편집장 | 최영미
편집자 | 손유라, 김은솔
브랜드마케팅 담당 | 김지선
출판마케팅 담당 | 홍성현, 김호현
제작 | 정수호

발행처 | (주)서울문화사
등록일 | 1988년 2월 16일
등록번호 | 제 2-484
주소 | 서울특별시 용산구 새창로 221-19
전화 편집 | 02-799-9375 **출판마케팅** | 02-791-0708
본문 구성 | 덕윤웨이브 **디자인** | 권빈

ISBN 979-11-6923-797-0
979-11-6438-488-4 (세트)

©정브르 ©SANDBOX

생생체험 자연관찰
정브르의
희귀동물일기
지음 정브르
감수 샌드박스네트워크
브르와 함께 떠나는
호주·미국·인도네시아 탐험!
서울문화사

차례

WILD
AUSTRALIA

브르의 희귀 동물 탐구 노트-①

지구의 다양한 생물

지구의 여러 가지 생태계 안에서 다양한 생물이 함께 어우러져 살아가는 것을 '생물다양성'이라고 불러요. 생태계 속 생물은 모두 다른 모습과 생활 방식을 가지고 있지만, 서로 영향을 주고받으면서 함께 살아가고 있어요. 과학자들의 말에 따르면, 지구에는 무려 1000만에서 3000만 종의 생물이 살고 있다고 해요. 지구에는 우리가 잘 아는 익숙한 생물들뿐만 아니라 아직 발견되지 않은 미지의 생물도 가득하답니다.

이렇게 많은 생물 중에서 적은 개체 수를 보이는 생물이 바로 희귀 생물이에요. 희귀 생물은 일상에서 쉽게 만나기 어려운 독특한 생김새나 색깔을 가지고 있어요. 지구온난화와 같은 환경 오염이나 불법으로 포획하는 사람들 때문에 멸종위기에 처하기도 해요. 같은 종이더라도 서식지에 따라 모습이 다른 생물도 있어요. 대표적으로는 열을 내보낼 수 있는 커다란 귀를 가지고 있는 사막여우와 열을 지킬 수 있는 작은 귀를 가지고 있는 북극여우가 있지요.

아하!

사막여우

북극여우

마다가스카르에 사는 생물

마다가스카르는 아프리카의 남동부에 위치한 섬나라예요. 하나의 섬이지만 섬의 남부, 중부, 북부 지역의 기후가 모두 다르다는 특징을 가지고 있지요. 그래서 다른 지역에선 보기 힘든 특이한 생물이 많고, 약 90%의 생물이 마다가스카르에서만 서식하는 고유종이에요.

대표적인 마다가스카르의 고유종으로는 여우원숭이가 있어요. 전체적인 모습은 원숭이를 닮았지만, 튀어나온 주둥이와 긴 꼬리가 여우를 닮아서 여우원숭이라고 불러요. 환경 오염과 서식지 파괴, 불법 포획으로 멸종위기에 처해 있어요. 또 몽구스를 닮은 팔라노크도 마다가스카르에 서식하고 있어요. 주로 지렁이를 먹는데, 꼬리에 체지방을 최대 800g까지 저장할 수 있어서 지렁이 사냥이 어려운 겨울에는 꼬리의 체지방으로 살아가요.

마다가스카르

여우원숭이

호주
1화
괴물 가재를 잡으러 가다!

둥!

부우웅
민물 가재인 마론을 잡기 위해 웰링턴 댐이라는 곳에 왔어요.
마트에서 사온 삼겹살로 트랩을 만들게요.
패트병
삼겹살

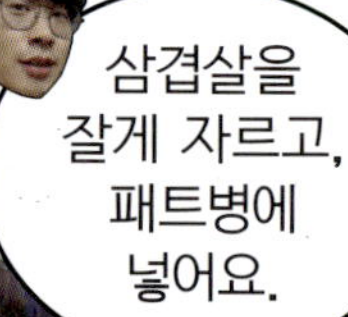
삼겹살을 잘게 자르고, 패트병에 넣어요.
쏘옥
꾸깃 꾸깃
냄새를 맡고 올 수 있도록 작은 구멍을 뚫어 줘요.
공기가 있으면 떠오를 수 있기 때문에 공기를 빼 줍니다.

와, 호수에
마론이 많이
살고 있어요.

나
잡지 마!

브린이를 위한 상식

마론은 민물에 사는 가재로, 최대 40cm까지 자라요. 산소가 풍부하고 차가운 물에서 살아가며, 사람과 다르게 헤모시아닌을 가지고 있어 혈액이 흰색이에요.

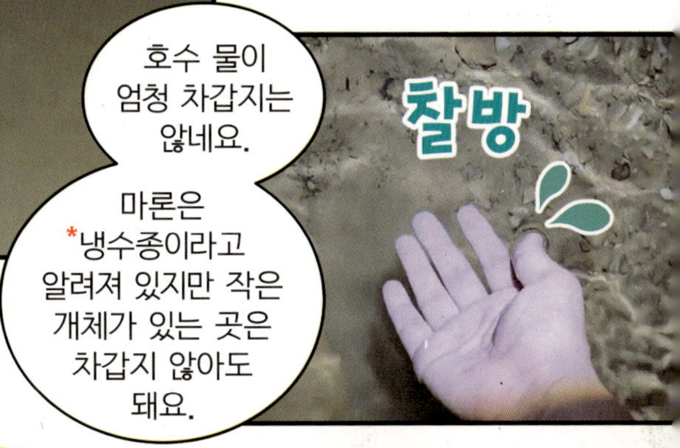

호수 물이
엄청 차갑지는
않네요.

찰방

마론은
*냉수종이라고
알려져 있지만 작은
개체가 있는 곳은
차갑지 않아도
돼요.

이런 고목나무는
마론에게 굉장히 좋은
영양분이에요.
사육할 때도
유목을 넣어 주면
굉장히 도움이
됩니다.
고목나무
스윽
이쯤에 트랩을 설치할게요.

벌써
한 마리가
왔어요!
맛있는
냄새가 나!
한번 잡아 볼….
쌔
앵
잘 먹고
갑니다!
엄청
빠르다!

*냉수종: 차가운 물에만 나타나는 생물.

물속에 있는
마론을
잡아 볼게요.
조심
흥!
잡아 봐라!
쌔
앵
헉!
다시 한번 도전!
저리 가!
휘릭
잡았다!
꽈악
어라?!
와~
멋진 꼬리를
가지고 있고,
살도 꽉
차 있네요.
이 친구는
크기가 작은
편이에요.
집게가 정말 멋지다~!

등쪽의 무늬도 멋지죠?
이거 봐!
버둥
버둥
신기
맨손으로 잡기는 처음이에요.
관찰했으니
놓아줄게요.
도망가자!
후다닥
이 친구는 좀
커 보이는데….
스윽
또
잡았다!
이 친구는
브라운
마론이에요!
채집
성공
방심했다!

브린이를 위한 상식

가재와 같은 갑각류를 익히면 붉게 변하는데 이는 아스타잔틴이라는 색소 때문이에요. 갑각류 몸속의 단백질과 결합해 있던 아스타잔틴은 열에 의해 단백질과 분리되면서 본래의 색인 붉은색을 띤답니다.

마론 근처에 이런 열매들이 굉장히 많이 빠져 있네요.
엄청 독특하게 생겼네.
바닥재 같은 경우는 분진이 많이 일어나면서 모래가 많이 섞여 있어요.
잡았다!
덥석
이제 능숙하게 잡는 브르
집게가 짝짝이인데, 잘렸다가 *재생이 된 것 같아요.
집게 색이 정말 예쁘네요.
20cm 정도 되는데, 크기가 큰 편이에요.
잡은 친구들은 모두 풀어 줬어요. 마론 잡기 대성공!
다시는 잡히지 말아야지!

*재생: 생물학에서 새로 만들어지고 복원되고 성장하는 과정.

살아 있는 초대왕 크레이피시 잡기

오늘의 목적지는 던스보로 입니다!
정말 아름답죠?
이곳에서 크레이피시를 잡을 거예요!
제가 한번 입수해 보도록 하겠습니다!
짜
잔
크레이피시는 바위틈이나 해조류 아래 많이 숨어 있어요.
후크 끝에 갈고리가 있는데,
크레이피시의 꼬리에 고정시킨 뒤 빼내는 역할을 하는 도구입니다.
후크
휘적

브린이를 위한 상식

호주에서는 정식 면허가 있는 사람만 생물을 채집할 수 있어요. 정식 면허가 있더라도 채집이 가능한 크기, 무게, 길이 등의 규정을 준수하는 게 중요하답니다.

크레이피시가
너무 깊이
숨어 있어서

굴에서 빼내기
위한 미끼를
만들 거예요.

물고기를 사냥해 손질하는 중

미끼를
만드는 동안
전복을
딸게요.

전복이 돌 틈에
수십 마리씩
붙어 있어요.

들켰다!

호주에는
브라운 전복과
일반 전복이
있어요.

이건 브라운
전복이에요.

이건 13cm 정도
되는데, 14cm부터
채집할 수 있다고
하네요.
잡은 것 중
작은 사이즈들은
놓아줄게요.
휴~
다행이다.

뭐,
뭐야?

크레이피시를
발견했어요!

여긴
어디야?

두둥

크레이피시를 잡았습니다!

측정 자

안 돼~!

눈 밑부터
몸통까지 사이즈를
확인해 보니 법적으로
문제 없는
개체입니다.

크기가
정말 크네요!

잡았다!
꽈악
으악!
버둥
버둥

우아, 신기하….

놓쳤다!

안 돼!

오예~.

금방 다시 잡은 크레이피시!
으아아~.
짜잔
정말 엄청 큽니다!

호주에서는 크레이피시라고 부르지만, 정확히는 랍스터예요.
세 종류의 록 랍스터가 호주에 살아요.
잡히다니, 분하다!

눈 위에 뾰족한 뿔이 있어요.
방어하기 위한 수단인 것 같아요.

이 친구는 숫놈이네요!

브린이를 위한 상식

랍스터는 바다에 사는 커다란 새우류를 통틀어 이르는 말이에요. 랍스터는 단단한 집게발과 등갑을 가지고 있어요. 가슴과 배를 잇는 부근에 있는 작은 다리로 암수를 구분하는데, 암컷은 알을 품기 위한 다리가 있지요.

규정에 따라 판매하지 않겠다는 증거로 가운데 꼬리를 잘라야 해요.

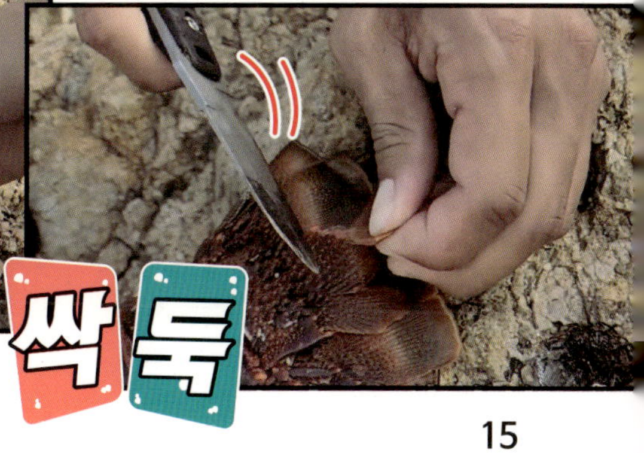

싹둑

주의사항!
랍스터를 만질 때는 이렇게 등 위쪽을 잡아야 해요.
몸통 안쪽에 뾰족한 가시가 있어서
움켜잡으면 랍스터가 구부릴 때 가시가 손에 다 박힙니다.
뾰족
뾰족
가시 맛 좀 볼래?
입
입이 굉장히 무섭게 생겼어요.
손가락을 물리지 않도록 조심하세요!
칼
으득
으득

짜잔
랍스터 요리를 해 보겠습니다!
우선 랍스터를 깨끗하게 닦아요.
쓱싹
쓱싹
닦아 준 랍스터를 반으로 썰어 줍니다.
프라이팬에 기름을 붓고 랍스터를 구워요.
랍스타 요리 완성~
한번 먹어 볼게요.
노릇
노릇
진짜 정말 맛있어요!

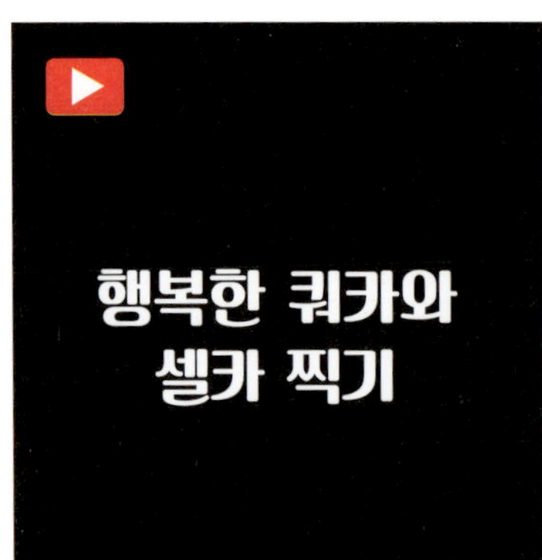
행복한 쿼카와
셀카 찍기

오늘은 항상 웃는 표정을 짓고 있어서 유명한
쿼카라는 동물을 만나러 갈 거예요.

이번에는 자전거를 빌려서 여행을 해 보려고 해요.

렛츠 고~!

따르릉~

따르릉~

과연 쿼카를 만날 수 있을까요?

여행 중 만난 도마뱀 친구들!

정말 귀엽다!

반가워~.

재미있게 놀다 가~.

쿼카다!
나를 찾았어?

브린이를 위한 상식

쿼카는 캥거루과에 속하는 유대류 동물이에요. 유대류는 포유류의 하나로, 암컷이 아랫배에 있는 육아낭에 새끼를 넣어 보살펴요. 쿼카는 호주의 야생동물 보호법으로 보호받고 있어서 함부로 만지면 벌금을 내야 해요. 그래서 '웃으며 다가오는 벌금'이라는 재미있는 별명을 가지고 있답니다.

사람에게 굉장히 친화적인데, 보호종이라서
만지거나 먹이를 주면 안 됩니다.
브르라고?
킁
킁
브르에게 적극적으로 관심을 보이는 쿼카

발가락이 3개예요.
앙 증

친해지자!
쓰다듬어 주고 싶은데 그럴 수 없는 게 너무 아쉬워요.

꼭 웃는 것 같아요.
쵸롱
너무 귀엽죠?
쵸롱
쿼카와 셀카를 찍어 보도록 하겠습니다!
쿨
쿨
자고 있는 쿼카 발견!
으음, 누가 왔나?
부스럭
나랑 셀카 찍자~.
스윽
셀카가 뭐야?
화면 다 가림

스윽
누워서 찍어 볼게요.
나 혼자 찍을래!
2차 실패!
다른 쿼카한테 도전…!
스윽
악!
퍼버벅
쿼카의 맹공격!
쿼카한테 맞았습니다….
길이 나 있듯이 누워 있는 풀들
쿼카가 다니는 길을 발견했어요.
캥거루과가 다니는 길은 이렇게 풀이 누워 있어요.

바쁘다
바빠~.

슬쩍
…?

휙
안 돼~!
바쁘다
바빠~.

마지막 도전!

스륵

엥?
쿨
쿨
갑자기 잠든 쿼카!

ㅋㅋㅋ
눈 뜨고 자고 있어요.

호주는
쿼카가 살기
참 좋은 곳
같아요.

다음에…
같이 찍자….

음냐
음냐

잘 자, 친구들~!

정브르의 생물 탐구

가재는 민물이나 바다에 서식하는 동물로, 단단한 몸과 커다란 집게다리를 가지고 있어요. 생물의 사체나 수초, 옆새우 등 다양한 물속 생물들을 먹으면서 살아가지요.

영상으로
확인해 봐요!

★정브르의 생물 탐구★

생물 이름: 참가재(토종가재)

한국에서 발견되는 토종가재로, 주로 산소가 높고 차가운 계곡물에서 서식해요. 따뜻한 물에서 사육하면 산소량 부족, 소화불량 등 여러 문제로 금방 폐사할 수 있기에 조심해야 해요.

★정브르의 생물 탐구★

생물 이름: 노멀얍비

호주에 서식하는 민물 가재 중 하나로, 노멀얍비와 스텐다드 블루얍비 등의 종류가 있어요. 이중 노멀얍비는 여러 가지 색을 띠며, 마디 사이사이에 주황색 살이 보이는 특징이 있지요.

영상으로
확인해 봐요!

호주
2화
희귀종이 가득한
호주 동물원

WILD
AUSTRALIA

ENTRY TO CAVERSHAM WILDLIFE PARK

어서 와요~.

쿠카부라

코카투

이곳에서 캥거루를 만날 수 있다고 해요.

하지만 새끼가 있을 수도 있으니 캥거루 육아낭에 손을 넣지 말라고 하네요.

우아!
캥거루예요!

캥거루를 이렇게
가까이서 보는 건
처음이에요.

반가워~.

엄청 날카로운 앞발톱!

튼튼

걸을 때
꼬리로 몸을
지탱해요.

여기여기~.

긁어
달라는 건가?

긁적

아~
거 참, 팍팍 좀
긁어 봐~.
긁적
긁적
ㅋㅋ
알겠습니다, 고객님~.

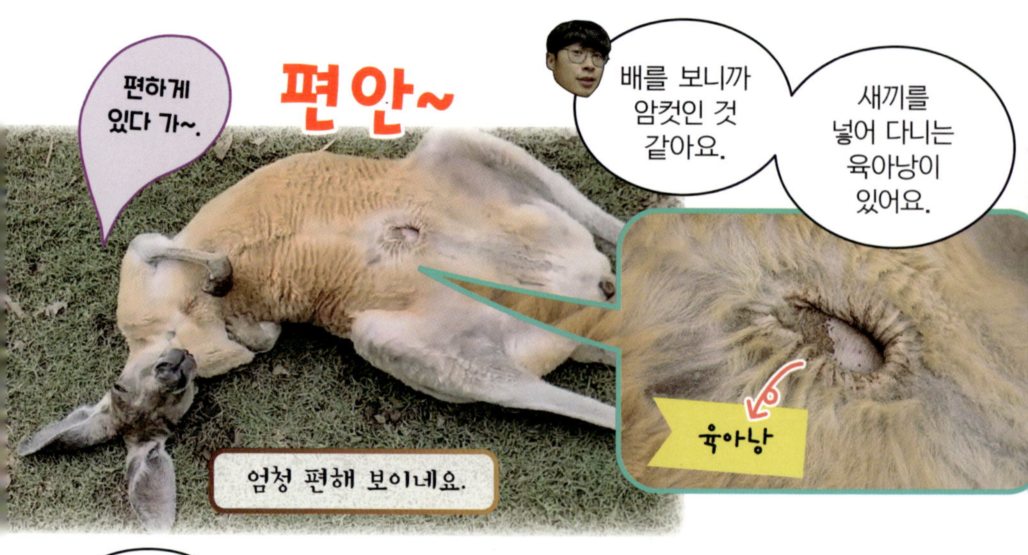
편하게 있다 가~.
편안~
배를 보니까 암컷인 것 같아요.
새끼를 넣어 다니는 육아낭이 있어요.
육아낭
엄청 편해 보이네요.

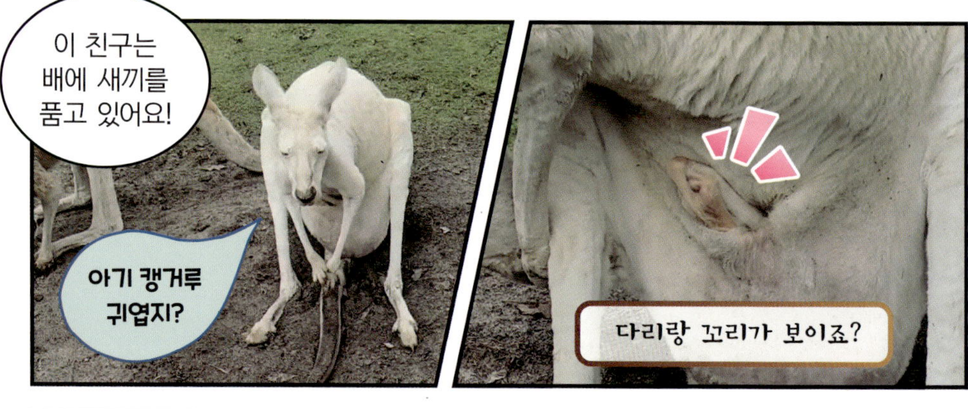
이 친구는 배에 새끼를 품고 있어요!
아기 캥거루 귀엽지?
다리랑 꼬리가 보이죠?

사료가 들어 있는 항아리
캥거루에게 먹이를 줘 볼게요!
한 움큼
냠 냠
고마워~!

여러분!
코알라를
안을 수 있는
이벤트가 있다고
합니다!
사육사 품에 안겨 있는 코알라

생각보다
정말 커요!
안녕~?

브린이를 위한 상식

코알라는 곰을 닮은 모습 때문에 '네이티브 베어(native bear)'라고 불리기도 해요. 호주에 자라는 유칼립투스 잎만 먹으며, 하루 평균 20시간 수면해요.

코알라는
유칼립투스 잎만
먹고 살아요.
200개가 넘는
종류 중 140여 개
종류를 코알라가
먹는다고 해요.
유칼립투스
내가
제일 좋아하는
거야~.

정말 너무 귀엽네요!
이 친구는 동부에 사는 코알라예요.
쿠울~.
폭신
폭신
신기
만져도 가만히 있어요.
서부 코알라
동부 코알라
동글
동글
서부에 사는 코알라들은 더 크다고 해요.
와~ 저기 정말 독특한 친구가 있어요!
호주에 온 걸 환영해!

브린이를 위한 상식

웜뱃은 코알라와 햄스터, 곰 등 여러 동물을 닮은 초식동물로, 육아낭을 가지고 있는 유대류 동물에 속해요. 호주 남부에 서식하며, 최대 30kg까지 자라요.

골든 페산트
나 어때~?
호주 동물원에는 정말 다양한 친구들이 있었어요!
펠리컨
밥 줘!
냠냠
싱글백 스킨크
나이트 스킨크
데스애더
밴디드 납테일 게코
반갑습니다~.
비어디 드래곤
개굴! 개굴!
스플렌디드 트리 프록
커닝햄스 스킨크
잘 가~!
뉴기니아 앵무
헬로!
강강 코카투

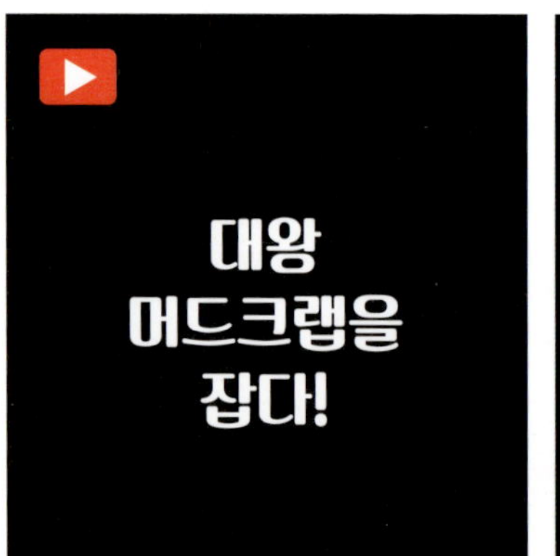
대왕
머드크랩을
잡다!

맹그로브
숲에서 머드크랩을
잡아 보려고
카라타 근처로
이동 중이에요.
과연 머드크랩을 잡을 수 있을까?

트럭
아래쪽에 물이
고여 있는 것처럼
보이죠?

반짝

브린이를 위한 상식

신기루란 물체가 실제 위치가 아닌 다른 위치에 보이는 현상을 말해요. 땅이 햇볕을 받아 뜨거워지면 주위의 공기도 같이 뜨거워지는데, 빛이 서로 다른 공기층을 통과하면서 생기는 현상이지요. 대표적으로 사막에서 오아시스를 발견했다고 착각하게 만드는 현상이 바로 신기루랍니다.

그런데 점점
가까이 가면 전부
사라집니다.

신기루
현상이에요.

터엉

호주에 사는
머드크랩을
소개할게요.

그린 머드크랩

Green mud crab
Scylla serrata
Photo courtesy of Department of Fisheries

브라운 머드크랩

머드크랩 잡기 최적의 시간,
5시 30분
한 마리가
자고 있네요.
쿠울
쿠울
머드크랩
새끼를
발견했어요!
나는
잡지
마세요!
이,
이거 봐!
엄청
사납네요.
거
대
우아, 완전 큰 다리 껍데기예요!
그런데
살아 있는 크랩은
안 보이네요.

그런데 그때!

어?
이리로 알아서
오네…?

슬금
슬금

잡았다!

덥석

아주 손쉽게
잡았습니다~!

머드크랩 채집 성공

끄악!

콰악

손을 물린 브르!

도망가자!
후다닥
파악
정말
난폭합니다!
무차별 공격!

아까보다
물이 많이
빠졌어요.
이번엔
많이 찾을 수
있을 것 같아요.
난
못 찾겠지~?
ㅋㅋㅋ
다 보인다~.
덥석
신기
눈이 엄청 빨간 친구네요.
으아!
버둥
버둥
이거 놔!
덤벼!
와, 성질이 사나워요.
에잇!
콰악
도망
가자!
후다닥

크랩들이
펄에 숨어 있는데,
형태가 보여요.

들켰다!

숨은 머드크랩 찾기!

적이다!

거센 공격!

내
공격을
받아라!

엄청 사납습니다.

와…
집게 크기 좀
보세요.

물리면
정말 아플 것
같아요.

거
대

채집 성공!

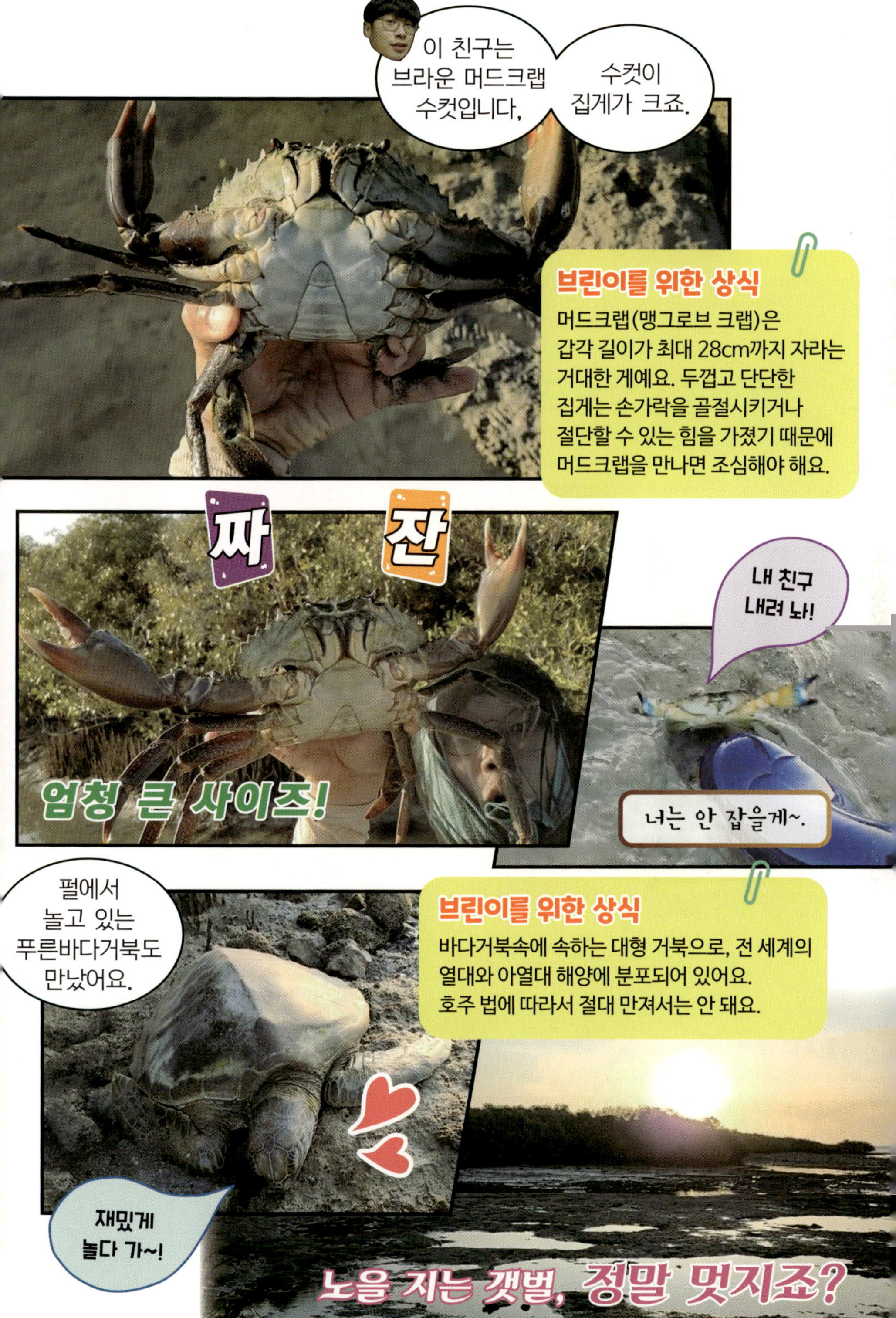
이 친구는
브라운 머드크랩
수컷입니다,
수컷이
집게가 크죠.
브린이를 위한 상식
머드크랩(맹그로브 크랩)은
갑각 길이가 최대 28cm까지 자라는
거대한 게예요. 두껍고 단단한
집게는 손가락을 골절시키거나
절단할 수 있는 힘을 가졌기 때문에
머드크랩을 만나면 조심해야 해요.
짜
잔
엄청 큰 사이즈!
내 친구
내려 놔!
너는 안 잡을게~.
펄에서
놀고 있는
푸른바다거북도
만났어요.
브린이를 위한 상식
바다거북속에 속하는 대형 거북으로, 전 세계의
열대와 아열대 해양에 분포되어 있어요.
호주 법에 따라서 절대 만져서는 안 돼요.
재밌게
놀다 가~!
노을 지는 갯벌, 정말 멋지죠?

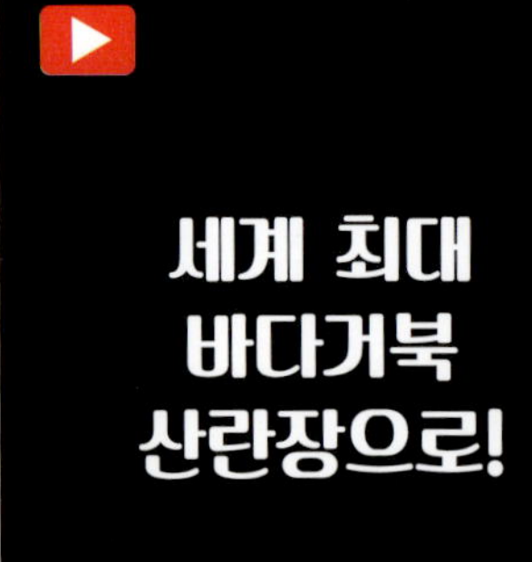
세계 최대
바다거북
산란장으로!

세계 최대의
바다거북
*산란장으로
유명한
엑스마우스에
가고 있어요.

브린이를 위한 상식

해변에서 새끼 거북을 찾기 위해서는 갈매기를 찾으면 돼요. 갈매기는 알에서 태어나 바다로 가는 새끼 거북을 잡아먹기 때문에 갈매기를 찾으면 새끼 거북을 발견할 수 있지요.

새끼 거북을 만날 수 있을까요~?

먹이가 되는
새끼 거북이
안타깝지만

자연의
일부분이기 때문에
개입을 하면
안 될 것 같아요.

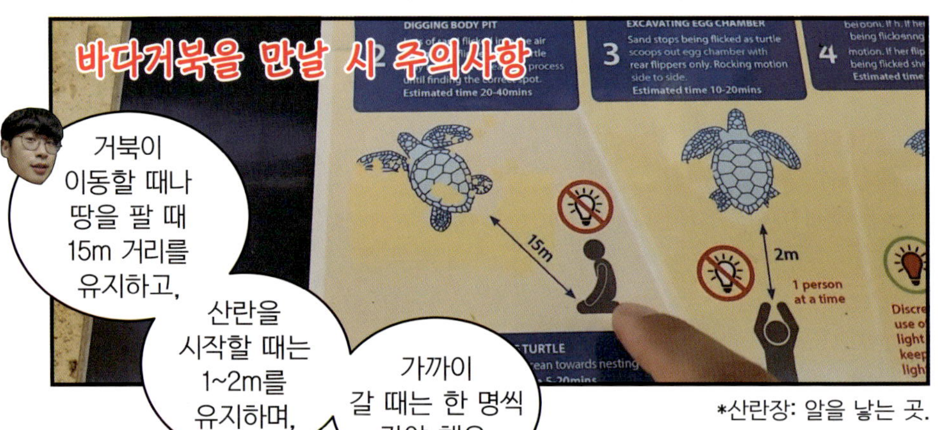
바다거북을 만날 시 주의사항
DIGGING BODY PIT
Estimated time 20-40mins
EXCAVATING EGG CHAMBER
Sand stops being flicked as turtle scoops out egg chamber with rear flippers only. Rocking motion side to side.
Estimated time 10-20mins
15m
2m
1 person at a time
거북이
이동할 때나
땅을 팔 때
15m 거리를
유지하고,
산란을
시작할 때는
1~2m를
유지하며,
가까이
갈 때는 한 명씩
가야 해요.

*산란장: 알을 낳는 곳.

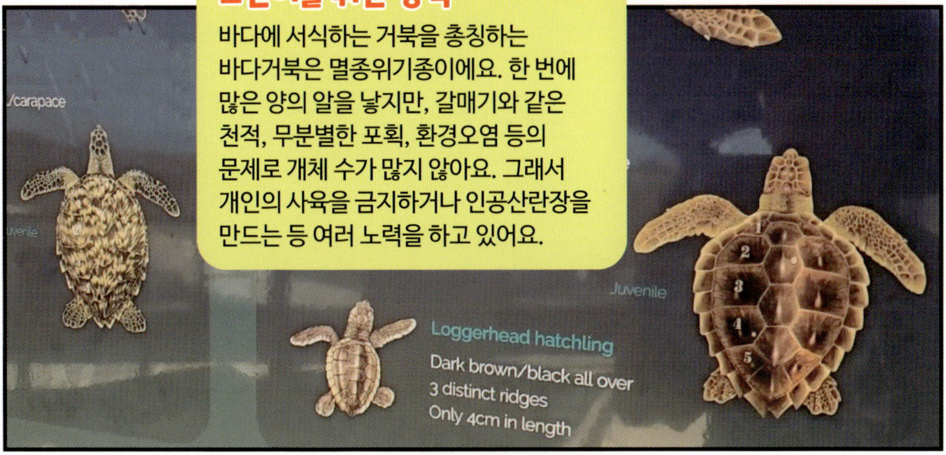

거북이 땅에 들어갈 때는 3m 유지,

그리고 다시 바다로 돌아갈 때는 15m를 유지 해야 해요.

새끼 거북이 태어나서 바다로 가는 방향에 있으면 안 되고

뒤에 서서 봐야 한다고 해요.

브린이를 위한 상식

바다에 서식하는 거북을 총칭하는 바다거북은 멸종위기종이에요. 한 번에 많은 양의 알을 낳지만, 갈매기와 같은 천적, 무분별한 포획, 환경오염 등의 문제로 개체 수가 많지 않아요. 그래서 개인의 사육을 금지하거나 인공산란장을 만드는 등 여러 노력을 하고 있어요.

Loggerhead hatchling
Dark brown/black all over
3 distinct ridges
Only 4cm in length

온도가 높으면 암컷이 많이 나온다고 해요.
바다거북의 이야기
갈매기랑 게, 그리고 물고기가 잡아먹어요.

but we drift on the current
살아남은 새끼 거북은 8년 이상의 시간을 여행하며
강하게 성장해서 돌아온다고 합니다.
바다로 갔다가 산란 때가 되면 다시 고향으로 돌아오는 게 너무 신기해요.
석양이 펼쳐진 아름다운 해변
바다거북이 산란을 위해 파 놓은 구덩이에요.
이곳에 구덩이가 엄청 많아요!
여기저기 파여 있는 모래
새끼 거북의 발자국이에요.
보통 새벽에 *부화해서 이동한다고 해요.
앙
증
열심히 바다로 간 흔적이에요.

*부화: 동물의 알 속에서 새끼가 껍데기를 깨고 밖으로 나옴.

새끼 거북을 잡아먹으려고 온 갈매기 발자국도 있어요.
갈매기 발자국
새끼 거북은 많은 장애물을 넘어 바다로 가야 합니다.
포식자들에게 잡아먹힐 가능성도 큰데 생존력과 본능이 대단합니다.
수많은 돌과 해초….
갈매기가 한곳으로 몰려가고 있어요!
갈매기를 쫓아 이동해 볼게요!
끼룩
끼룩
그러나 보이지 않는 거북….
새끼 거북의 알 껍데기예요.
잘 부화해서 바다로 갔을 것 같아요.

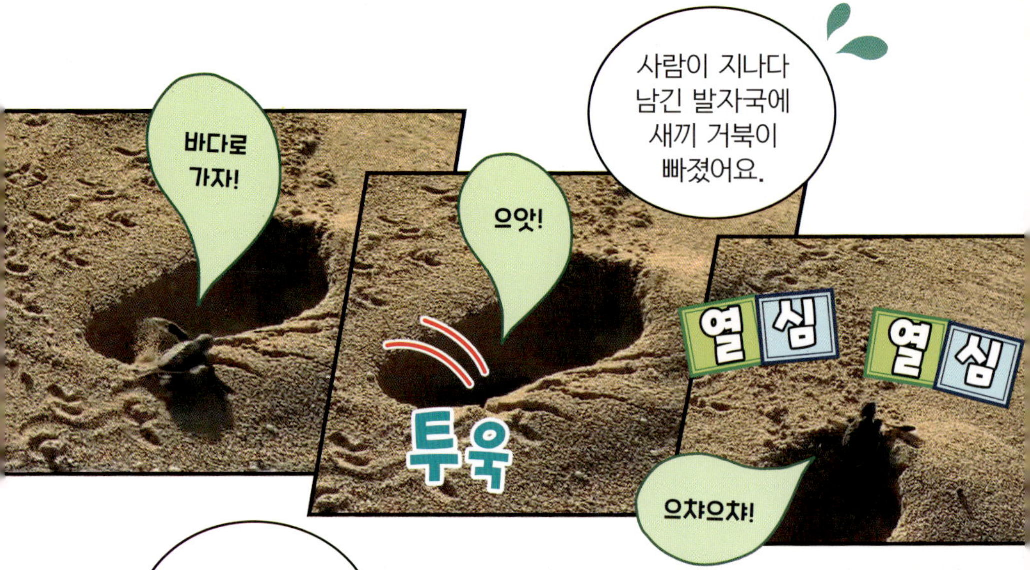

바다로 가자!

으앗!

투욱

사람이 지나다 남긴 발자국에 새끼 거북이 빠졌어요.

열심 열심

으챠으챠!

해변에 수많은 발자국들이 남겨져 있어요.

태어나자마자 본능적으로 바다로 가는 게 정말 신기합니다.

새끼 거북의 여행 시작

새끼 거북이 무럭무럭 잘 자라길 바라요.
멋지게 성장해서 돌아올게!
바다로 가서 잘 살다 돌아오렴~!

정브르의 생물 탐구

너구리와 라쿤은 생김새가 비슷해 같은 종이라 착각하기 쉬운 동물들이에요. 하지만 너구리는 개과, 라쿤은 아메리카너구리과로 다른 종의 동물이랍니다.

영상으로 확인해 봐요!

⋆정브르의 생물 탐구⋆

동물 이름: 바위너구리

바위너구리는 너구리라는 이름을 가지고 있기는 하지만, 너구리와는 전혀 다르게 생긴 동물이에요. 주로 아프리카에 서식하며, 가장 가까운 친척으로는 코끼리가 있답니다.

⋆정브르의 생물 탐구⋆

동물 이름: 라쿤

라쿤은 너구리와 생김새가 굉장히 비슷한 동물로, 미국 너구리라고 불리기도 해요. 하지만 너구리와 같은 종은 아니랍니다. 너구리와 달리 앞발가락과 발톱이 길어서, 사람의 손처럼 사용할 수 있어요.

영상으로 확인해 봐요!

호주
3화
돌고래와 신나는 식사 시간
어서 와! 나랑 놀자!
기대
오늘은 돌고래를 보러 갈 거예요.
오전 7시 45분에 볼 수 있는 돌고래!
먹이 주는 시간이 되면 돌고래들이 알아서 찾아온다고 해요.
돌고래 먹이주기 체험 티켓을 구매하면 직접 먹이를 줄 수 있어요.
드넓은 푸른 바다!
정말 똑똑하죠?

와~!
두 마리가
찾아왔어요!
안녕~!
배고파요!

빤

히

ㅋㅋㅋ 사람을 구경하고 있네요.

밥
주세요!

밥 달라고 애교 부리나 봐요.

사람의 병이
돌고래한테
옮을 수도 있고,
돌고래가 가진 병이
사람한테 옮을 수도
있다고 해요.
그래서
돌고래를 만지기 전에
손을 깨끗하게
씻어야 해요.
돌고래 앞에서
기침을 하면 바이러스가
돌고래의 폐로 바로
전달될 수 있기
때문에
손으로
가리고 기침을
해야 합니다.

사람 주변으로 옹기종기 모여드는 돌고래들
나도 줘!
사람을 무서워하지 않는 게 정말 신기해요.

먹이 줄 사람을 뽑는다고 해요.
두근
과연 누가 뽑힐까?

척
You!
와! 선택받은 브르!

맛있는 물고기다!

브린이를 위한 상식

돌고래는 무리 행동을 하는 동물로, 새끼를 함께 키우거나 아픈 동료를 돌보는 등 뛰어난 동료 의식을 가지고 있어요. 특히 인간과의 상호 작용도 뛰어나며 위험에 빠진 사람들을 구해 주는 등 친화적인 모습을 보이기도 해요.

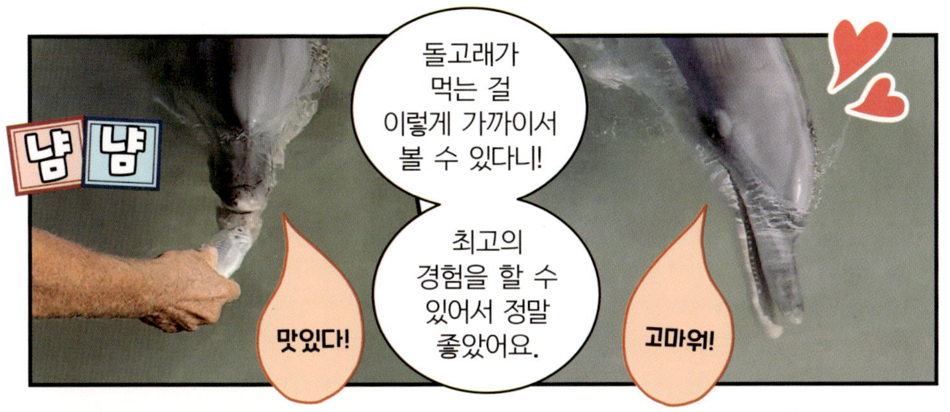
냠 냠
돌고래가 먹는 걸 이렇게 가까이서 볼 수 있다니!
최고의 경험을 할 수 있어서 정말 좋았어요.
맛있다!
고마워!

이동 중, 차도에서 만난 친구!
저건?!
가시두더지예요! 호주와 뉴기니에 서식하는 *단공류 동물이에요.
두더지과이지만 고슴도치처럼 가시가 달렸고, 개미를 먹어요.
난 고슴도치가 아니야.

뾰족 뾰족
손과 비교했을 때 이 정도 크기예요. 밤송이 같다~.
앙 증
발도 정말 귀엽네요!

*단공류: 포유류의 분류 중 하나로, 가시두더지와 오리너구리 등이 있다.

가시두더지의
새끼 모습이에요.
정말 귀엽죠?
나 정말
독특하지?
여긴 도로
한가운데야!
얼른
숲으로
가야 돼!
구출 작전을 펼친 브르
거 참~
귀찮게 하네!
놀라지 않도록
신발로 조금씩
밀어 줄게요.
엉금
엉금
풀숲에
무사히
도착했어요!
고마워~!
이제
위험하게 차도로
가지 마~.
건강하게 지내길~!

여기는 호주의 핑크레이크라고 하는 곳입니다.
바닷물이 분홍색인데, 정말 예뻐요.
계절과 시간, 구름의 양 등에 따라 색깔이 붉은색에서 분홍색, 보라색 등으로 바뀐다고 해요.

브린이를 위한 상식

이런 호수는 실제로 물에 색이 있는 것이 아니라 색이 있는 것처럼 보이는 것뿐이에요. 특정 조류나 미생물, 소금물과 탄산수소나트륨의 화학반응 등 다양한 원인에 의해 색깔이 나타난답니다.

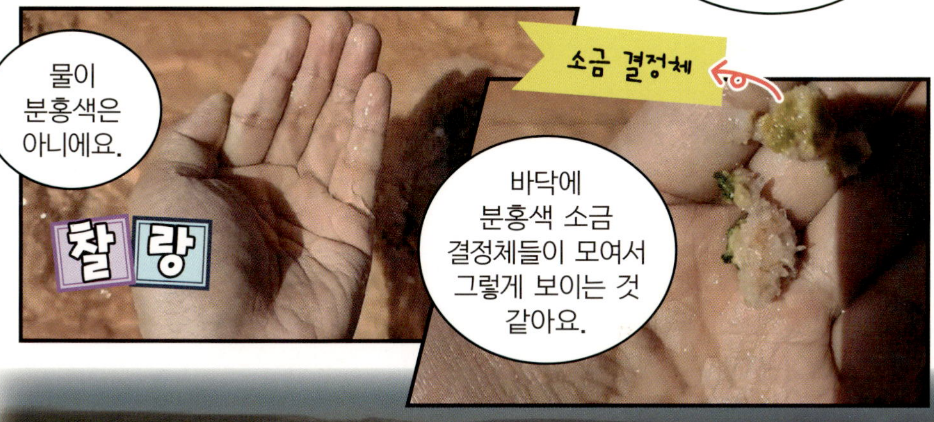
물이 분홍색은 아니에요.
찰랑
소금 결정체
바닥에 분홍색 소금 결정체들이 모여서 그렇게 보이는 것 같아요.

자연은 정말 신비롭습니다.

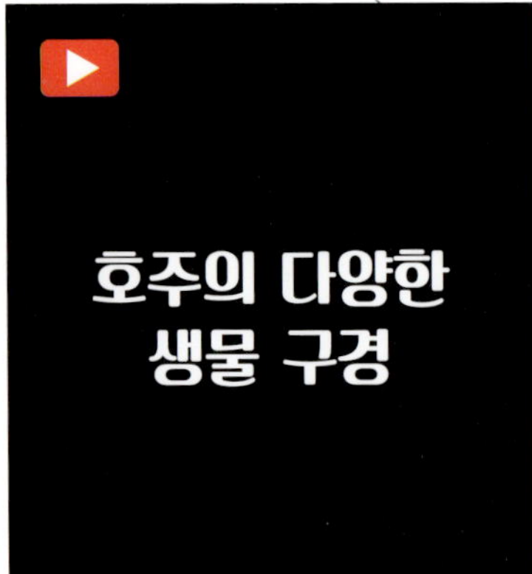
호주의 다양한
생물 구경

오늘은 호주의 파충류 숍에 가 볼 거예요.
호주의 파충류 숍은 어떤 모습일까요?

reptile&grow
store
HI-PAR
HORTI
VISION
두근
한번 들어가 보겠습니다!

파충류 숍 입장!
FLUVAL
호주엔 면허 제도가 있어요.
정식 면허가 있어야만 파충류를 잡고, 키울 수 있어요.

안녕~!
밥테일
사랑스러운 친구들이 정말 많네요!
졸려~!
밥테일
블루텅
밥테일
냠냠
웨스턴 블루텅 스킨크
나도 밥 줘!
예전에 *밀수꾼들이 밥테일을 밀수하려던 게 적발돼서,
벌금을 물었던 적이 있었습니다. 절대 그러시면 안 돼요!
싱글백 스킨크
재밌게 놀다 가~!
비어디드래곤

*밀수꾼: 몰래 물건을 사들여 오거나 내다 파는 사람.

나는 아직
아기야.
새끼 뱀도
있어요!
성체는
생각보다
엄청 큽니다.
큼직

이곳에도
동물들이 많이
있다고 해요.

FISH · BIRD · REPTILE
Pet City
WE HAVE THE
LOWEST
BIG DOG
PET FOODS

두근 꽤 큽니다.

어서
오세요~!

반갑게 맞아 주는 코카투

어떤 친구들이 있을까?
물총고기라고도
불리는
아처피시입니다!
물총 맛 좀
볼래?

브린이를 위한 상식

물총고기는 이름 그대로 물총처럼 물을 발사할 수 있는 물고기예요. 혀를 둥글게 말아 입에서 물을 발사하며, 이 능력으로 식물 위의 곤충을 떨어뜨려 잡아먹어요.

어구피
드워프 구라미
브르다!
베타
이것 보세요! 벌레일까요, 잎일까요?
우리나라의 대벌레와 같이 잎처럼 생긴 잎벌레 종류의 하나입니다.
못 찾겠지?
꼭꼭 숨으면 정말 못 찾겠네요!
호주에서는 먹이로 바퀴벌레를 판매하네요!
두
둥
꿀꺽
꿀꺽
캥거루쥐
눈 정화합시다…

뷰티소라게 발견!

브린이를 위한 상식

소라게라고도 불리는 집게는, 스스로 몸 크기에 적당한 껍데기를 찾고 그 안에 들어가서 몸을 보호해요. 뷰티소라게는 예쁘게 꾸민 껍데기에 소라게를 집어넣어 만드는 것으로, 소라게의 아가미를 손상시킬 수 있어서 동물 학대로 여겨지고 있어요.

호주에서 한 건 아닐 거예요.

이 개체를 수출하는 나라에서 이런 작업을 하는 걸로 알고 있습니다.

아파요….

저는 개인적으로 좋아하지 않습니다.

사람들을 위해 위험한 일을 당하는 소라게들….

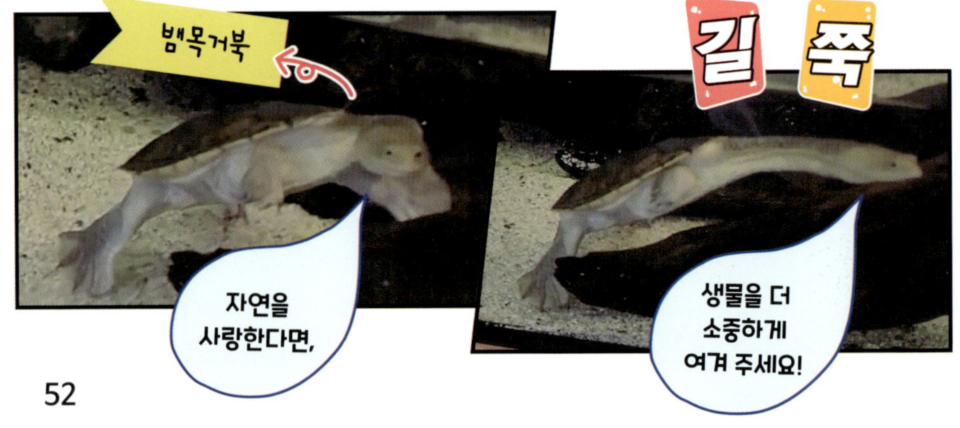
뱀목거북
길쭉
자연을 사랑한다면,
생물을 더 소중하게 여겨 주세요!

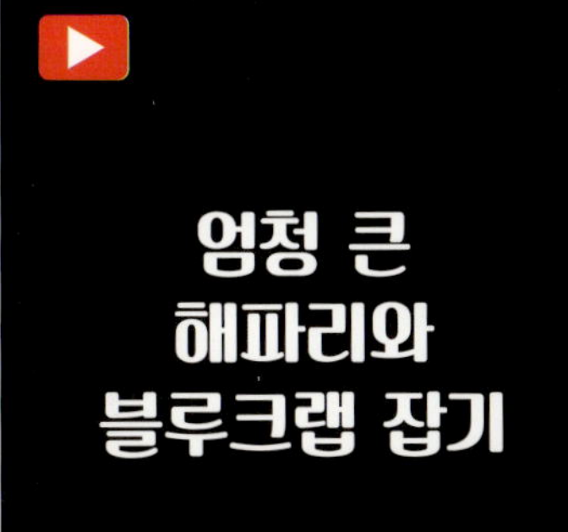
엄청 큰
해파리와
블루크랩 잡기

오늘은 블루크랩을 잡아 볼 거예요.
*해루질을 하면 잡을 수 있대요.

야간 해루질을 위해 모인 사람들

바글 바글

우아, 해파리다!

물이 맑아서 다 보이네요.

해파리는 죽지 않는 영생의 생물이에요.

해파리 촉수에 독이 있을 수 있기 때문에 절대 만지면 안 돼요.

날 만지면 위험해!

브린이를 위한 상식

해파리는 대부분 촉수에 독을 가지고 있어요. 해파리마다 독의 위험성이 다르기 때문에 가볍게는 가려움 증상만 나타나지만, 심하게는 죽음까지 이를 수 있어요. 바다에서는 항상 해파리를 조심해야 해요.

*해루질: 밤에 얕은 바다에서 맨손으로 어패류를 잡는 일.

큼직
와, 엄청 큰 해파리를 잡았어요.
즐거운 해루질 되길!
우리나라의 두빛보름달 해파리를 닮았네요.
잡혔다!
안녕하새우?
흰다리새우예요!
블루크랩이다!
방심했다!
채집 성공!
푸른빛이 정말 예쁘네요!

또 잡힌 크랩!
암컷이다!
암컷 몸통이 수컷보다 훨씬 커요.
잡히다니!

가시와 가시 끝을 재서 127mm 이상이어야 채집 가능해요.
음식으로 즐기는 시즌은 매번 바뀌기 때문에 확인을 해야 합니다.
사이즈 확인은 필수!

브린이를 위한 상식

블루크랩은 수컷이 배회하면서 바닥에 묻혀 있는 암컷을 찾아다니는 방식으로 짝짓기를 해요. 암수는 서로 다른 무늬가 배에 그려져 있는데, 크고 둥근 무늬가 있는 게 암컷이고 길고 뾰족한 무늬가 있는 게 수컷이에요.

블루크랩은 호주 전역에서 누구나 다 잡을 수 있습니다.
그런데 장소에 따라 잡을 수 있는 마릿수가 제한되어 있어요. 이곳은 다섯 마리라고 하네요.

한 마리 더
잡았는데 조금
작아 보여요.

과연 사이즈는?

다행히
*금지체장 넘는
녀석!

한 시간 넘게
해서 잡은
결과물이에요.

내가
잡히다니~!

암컷
수컷
확실히 수컷이
암컷보다 몸통이
작아요.

*금지체장: 일정 크기 이하의 수산생물을 채집할 수 없는 것을 말한다.

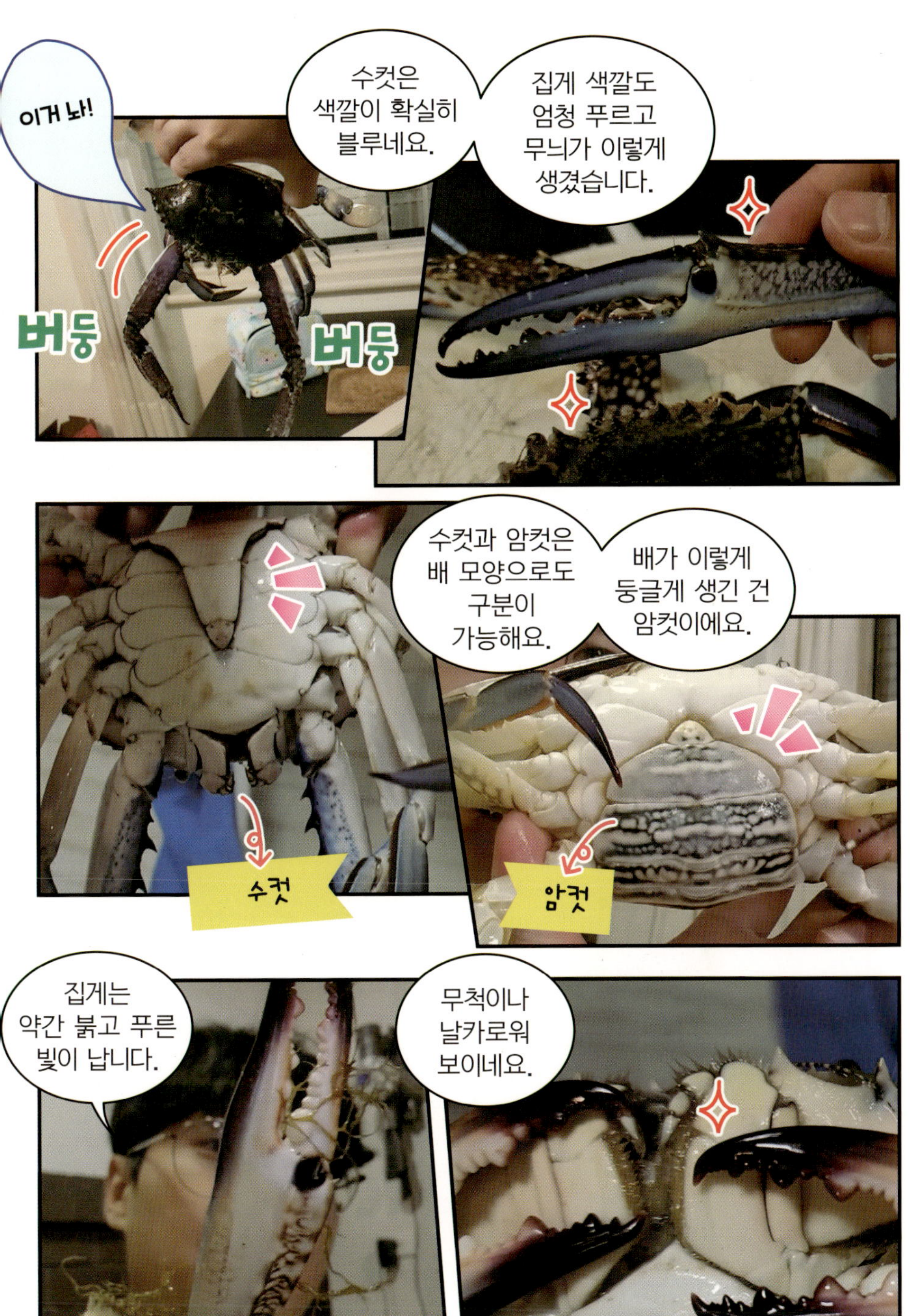
이거 봐!
버둥
버둥
수컷은
색깔이 확실히
블루네요.
집게 색깔도
엄청 푸르고
무늬가 이렇게
생겼습니다.
수컷과 암컷은
배 모양으로도
구분이
가능해요.
배가 이렇게
둥글게 생긴 건
암컷이에요.
수컷
암컷
집게는
약간 붉고 푸른
빛이 납니다.
무척이나
날카로워
보이네요.

길
쭉
이제 요리해 볼까요?

게는 그냥 끓이면 아가미에 묻은 흙도 같이 먹게 되기 때문에 깨끗하게 손질하고 씻어 줘야 해요.

끓는 물에 소스와 게를 넣어 줍니다.

보글

보글

어느 정도 끓으면 라면을 넣어 줍니다.

자, 이제 그릇에 담아 볼까요?

꽃게 라면 완성~

정말 맛있어요.

정브르의 생물 탐구

뱀목 도마뱀과의 파충류인 도마뱀은 자절 능력을 가지고 있어요. 자절은 천적에게서 도망칠 때 꼬리를 잘라 미끼로 남겨 두고 도망치는 행위를 뜻해요.

영상으로 확인해 봐요!

⋆정브르의 생물 탐구⋆

생물 이름: 크레스티드 게코

크레스티드 게코는 눈 위에 눈썹 같은 장식이 있어서 눈썹도마뱀붙이라고도 불러요. 꼬리를 잘라내면 다시 재생되는 다른 도마뱀들과 다르게 볏도마뱀붙이는 다시 재생되지 않아요.

⋆정브르의 생물 탐구⋆

생물 이름: 거드테일 아르마딜로

아프리카 사막 지역에 서식하는 거드테일 아르마딜로는 아르마딜로 갑옷도마뱀이라고도 불러요. 주로 곤충을 잡아먹으며, 적이 나타나면 몸을 둥글게 말아 보호 자세를 취해요.

영상으로 확인해 봐요!

브르의 다른 그림 찾기

왼쪽과 오른쪽 그림을 비교하고 다른 곳 5군데를 찾아봐요.

반딧불이로 글씨를 읽어 보자!

형설지공! 옛날 사람들은 빛이 없었기 때문에 반딧불이를 잡아서 반딧불이의 빛으로 책을 읽었다고 해요.

정말 반딧불이의 빛으로 책을 읽을 수 있을지 실험해 볼까요?

브린이를 위한 상식

형설지공(螢雪之功)은 '반딧불의 빛과 눈에 비친 빛으로 공부하여 이룬 성공'이라는 뜻의 사자성어예요. 어려운 환경에서도 꾸준히 공부하면 보람을 얻을 수 있다는 교훈을 담고 있어요.

반딧불이는 굉장히 깨끗한 계곡에서 다슬기를 먹으면서 살아요.

우리나라에서는 제주도라든지 강원도 산골 같은 곳에서 보이는데

이곳에서는 숙소 앞에 많이 날아다니고 있습니다.

집 앞에서 번쩍번쩍하는 반딧불이

잡아 봐!

휘익
잡는 건 너무 쉬워요.
으윽, 잡히다니!

반딧불이는 이렇게 생겼습니다.
가까이서 날 보니, 어때?

브린이를 위한 상식

반딧불이는 딱정벌레목에 속하는 곤충으로, '개똥벌레'라고도 불려요. 반딧불이의 꽁무니에는 루시페린이라는 발광물질이 포함되어 있는데, 이 물질이 산소와 만나 화학반응을 일으켜 옥시루시페린이라는 물질로 바뀌면 빛이 발산돼요. 그래서 반딧불이가 밝은 불빛을 내며 돌아다니는 거예요.

20마리 정도 잡아서 숙소로 돌아왔습니다.

여긴 어디야?

암컷

구분이 쉽지?

수컷

사이즈로 암컷과 수컷을 구분해요.

암컷이 수컷보다 훨씬 크죠?

하얀 배가 발광기관이에요. 안에 루시페린이라는 발광세포가 있는데,

그게 산소와 결합하면서 빛을 냅니다. 그래서 산소가 없으면 빛을 내지 못해요.

빛이 잘 모일 수 있도록 반딧불이들을 더 작은 통으로 옮길게요.

옹기 종기

다슬 님이 쓴 글을 제가 한번 맞혀 보겠습니다!
과연 뭐라고 써 있을까?
다 쓰셨나요? 불을 끄겠습니다!

오!
반딧불이 빛이
보입니다.
읽어 볼게요!
허,
헌복하세요…?
흐릿

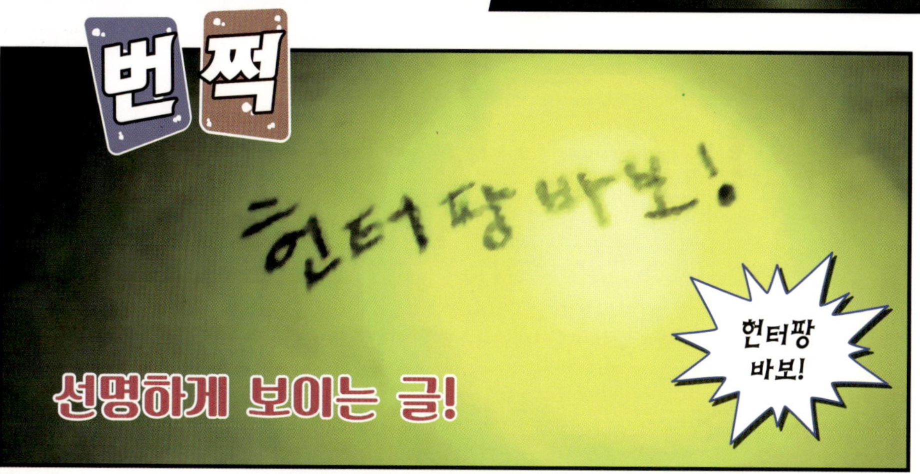
번쩍
헌터팡 바보!
선명하게 보이는 글!
헌터팡
바보!

와, 보셨죠?
생각보다 엄청
밝고 글이 잘
보입니다.
우리나라
반딧불이는
50마리 정도
모아야 될 것
같은데,
미국
반딧불이는
20마리로도
밝아요.
우리
짱이지?

다른 글로
실험해 볼게요.

정브르는 천재

파앗

정브르는
천재!

정답

마지막으로
긴 글귀로
도전!
엘리게이터 가아 잡자
지금 한 마리만
빛을 내는데도
글이 보일 정도로
밝아요.
엘리게이터
가아 잡자!

정답

플래시가 되어 주는 반딧불이

반짝

반짝

반딧불이
실험 성공~!
반딧불이들은
바로
풀어 줄게요~.
우주에 떠 있는 별 같아요!
즐거웠어~.

미국의 신기한
생물 탐험

오늘 가는 곳은
클러스터 네이쳐
센터라는 생태공원
입니다.
푸릇
푸릇

여기에
거북이 많이
산다고 해요.
거북이
일광욕하려고
저런 돌 위에 많이
올라오는데
볼 수
있었으면
좋겠어요.

안녕?
유유
자적
캐나다구스라는
기러기 친구들이
많네요.
먹을 거
있으면 좀
줘 봐~.

거북의
서식지입니다.
펄이 많아서
거북이
산란하기도
좋고,
일광욕하러
올라오기도 좋은
환경이에요.
빼꼼
브르가
왔다고?
악어거북
바글
여기
일광욕
맛집이네~.
바글
일광욕 중인 거북!
황소
개구리다!
들켰다!
냅다
잡자!
덥석

놓아줄 거지?

브린이를 위한 상식

황소개구리는 외국에서 들어온 외래종으로, 황소처럼 운다고 하여 '황소개구리'라는 이름으로 불리게 되었어요. 처음 우리나라에 들어왔을 땐 황소개구리의 천적이 없어서 황소개구리의 개체 수가 급격하게 늘어났고, 우리나라의 고유종을 잡아먹어 생태계교란종으로 여겨지기도 했지요. 지금은 뱀, 너구리 등의 천적이 생겨 개체 수가 많이 줄어들었어요.

이 친구는 바로 놓아줄게요~.

고마워~.

관리인분께서 키우는 늑대거북을 보여 주시네요!
브르, 만나서 반가워.
이름이 캡틴 크런치래요. 정말 멋있어요.
나 멋지지?

몸이 보호된 부분이 부족하기 때문에 방어보다는 공격에 더 특화된 거북이에요.
18인치까지 커진답니다.

브린이를 위한 상식

늑대거북은 뾰족한 등껍질과 튼튼하고 긴 꼬리를 가진 거북이에요. 성질이 사납고 힘이 센 거북으로도 유명해요. 날카로운 턱으로 무엇이든 물 수 있기 때문에 물리지 않게 조심해야 해요.

관리소에
들어와 봤어요.
브르가
왔대!
독특하게 생긴 물고기!
반가워!
붉은귀거북
박스터틀
다양한 동물이
지내고 있네요.
늑대거북 등껍질이다!
와,
멋진 방패
같아요.
정말 멋지죠?

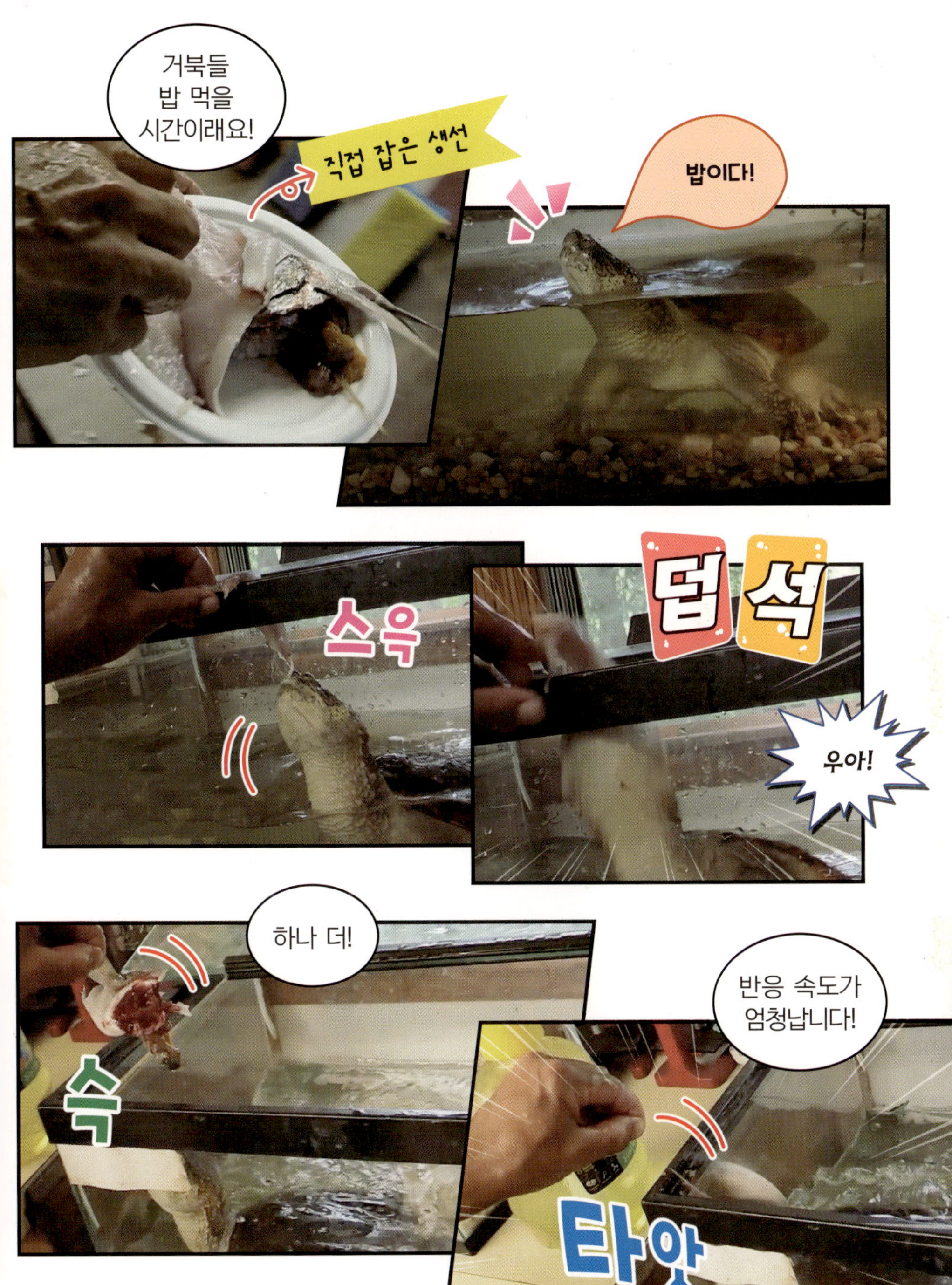
거북들
밥 먹을
시간이래요!
직접 잡은 생선
밥이다!
스윽
덥석
우아!
하나 더!
슥
반응 속도가
엄청납니다!
타앗

늑대거북은 굉장히 포악하고 위험합니다.
자연에서 만나면 조심해야 돼요.
얘는 번식 가능한 사이즈이긴 한데, 작은 편이에요.
냠 냠

나도 주세요!
옆집 거북도 입을 벌리네요.
덥 석
SNAPPING TURTLE
life span: up to 30 yrs. Size: up to 18 inches long Weight: up to 35 lbs

붉은색을 띠는 친구예요.
앙 증
발이 정말 귀엽네요.
헤헤, 맛있다!

커먼머스크 터틀
스윽
밥이다!
냠
냠

메기가
있어요!
즐겁게
놀다가 가!

뱀 허물과
생물의 화석도
전시해
두었네요.
DEC. 1996
NEY
뱀 허물

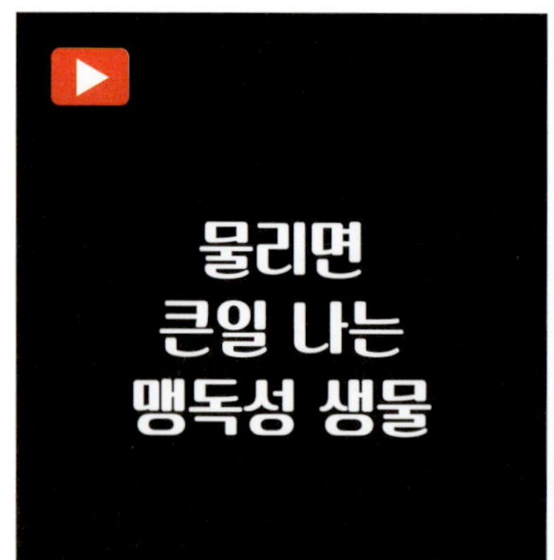
물리면
큰일 나는
맹독성 생물

채집지에
왔는데 날씨가
엄청 덥습니다.
후덥
지근
오늘은 어떤 친구들을 만날까?

타란툴라
호크다!

들켰다!

거미를
잡아먹는
벌이래요.

한 4cm
되는 것
같아요.

색이 정말 예쁘죠?

우리나라
는쟁이벌이랑
굉장히 흡사하게
생겼습니다.

는쟁이벌

앗!
잡히다니!

채집 완료!

우아~.
이 친구는 우리나라
호랑거미랑 거의
똑같이 생겼어요.
나
멋지지?
풀어 줘!
역시 채집 완료!
여기에
초록 식물이 엄청
많은데, 이건 텍사스
불네틀이라는
식물이에요.
잎꾼개미가
농사를 짓는 식물
종류입니다.
이파리랑
줄기에 수많은
가시가 있는데, 여기에
쓸리면 마치 불에 지지는
듯한 고통이 10분 정도
이어지다가,
*발진 같은 게
일어나고 2~3주
고통스러운 시간들을
보낼 거예요.
무시무시한 독성을 지닌 식물
모두 조심하세요!

*발진: 피부에 작은 종기가 돋는 질환.

여기
뭔가 있을 것
같아.

쓱

브린이를 위한 상식

스틱버그(대벌레)는 몸이 나뭇가지처럼 길쭉하며, 몸 색깔도 나뭇잎과 나뭇가지를 닮아 있어서 몸을 보호하기 쉬워요. 농가에서는 농작물에 피해를 주기 때문에 해충으로 취급해요.

어떻게
알았지?!

스틱버그다!

짜잔

바글

바글

잡혔는데도
짝짓기를
하고 있어!

많아도 너무 많은데…?

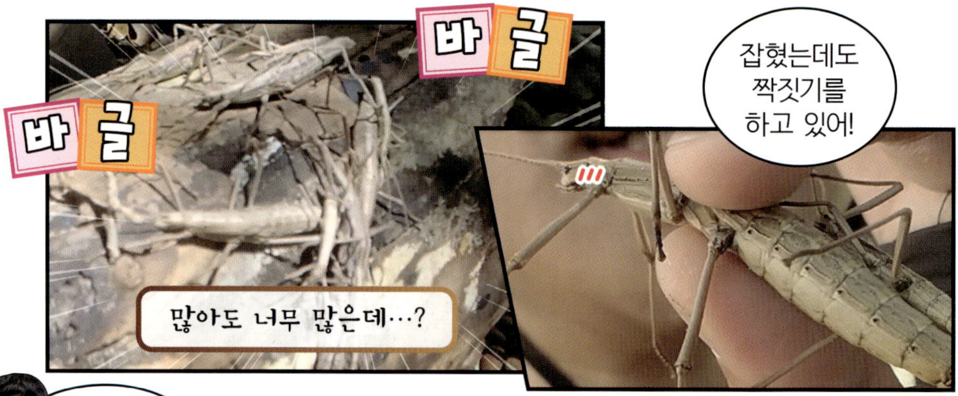

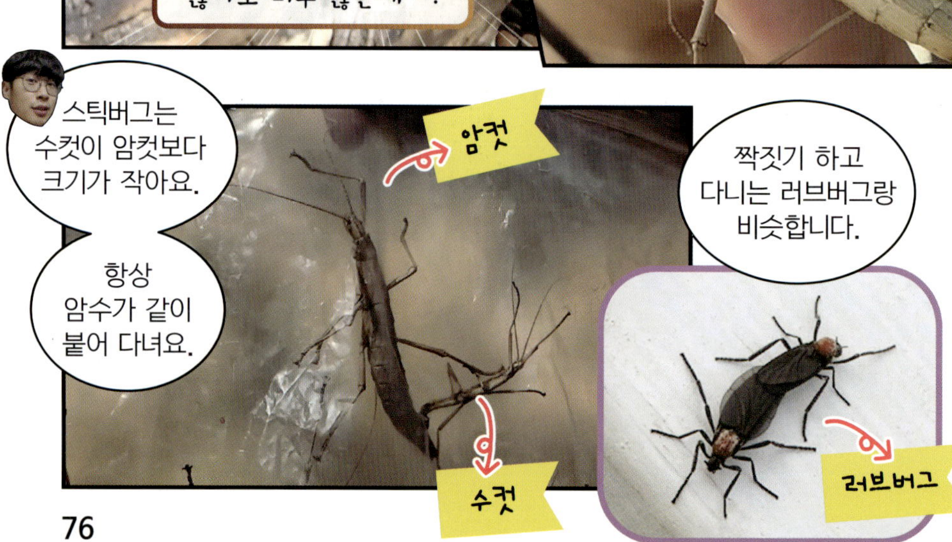
스틱버그는
수컷이 암컷보다
크기가 작아요.
항상
암수가 같이
붙어 다녀요.
암컷
수컷
짝짓기 하고
다니는 러브버그랑
비슷합니다.
러브버그

1cm 정도 되는 거대병정개미를 만났어요.
헉! 빨려 들어간다!
슈우욱
으악!
범인은 개미귀신!
모래에 함정을 파고 그곳에 빠지는 곤충을 잡아먹어요.
개미귀신
구주개미벌이다!
나는 개미가 아니라 벌이야!
걸어 다니는 벌이에요. 이 친구는 암컷이네요.
먹이를 찾으러 돌아다니는 것 같아요.
죽은 호박벌을 발견했어요.
우아~. 진짜 커요. 구주개미벌이 노리고 있는 것 같아요.

살아 있는 호박벌도 있네요.
우리나라 호박벌과 같은 종으로 추정 됩니다.
호박벌은 목조부분을 뚫고 다녀요. 그래서 미국에서는 해충으로 지정되어 있어요.
안녕?

와, 맹독성 1급인 블랙위도우를 만났어요!

나 멋지지?

브린이를 위한 상식

블랙위도우(검은과부거미)는 강한 맹독을 가지고 있는 거미로, 특이하게 짝짓기 후 암컷이 수컷을 잡아먹어요. 블랙위도우에게 물리면 근육통, 두통 등의 고통을 느끼고 심하면 죽음에 이르게 될 수도 있어요.

블랙위도우는 방울뱀 독의 15배나 강한 독이 있기 때문에 쏘이면 진짜 큰일 나요!

나를 만나면 조심해!

다양한 생물을 만날 수 있었던 즐거운 하루였습니다!

정브르의 생물 탐구

자연 환경을 파괴하거나 다른 생물들을 무분별하게 잡아먹어
생태계를 교란시키는 생물을 생태계교란 생물이라 불러요.
주로 외국에서 유입되어 생태계의 균형을 망가뜨리는 외래종이 많답니다.

영상으로
확인해 봐요!

★정브르의 생물 탐구★

동물 이름: 브라운송어

원래 유럽에 서식하던 브라운송어는 현재 아시아, 아메리카 등 여러 지역으로 퍼졌어요. 한국에는 강원도의 소양강에 서식하고 있으며, 다른 물고기들을 가리지 않고 모두 잡아먹기 때문에 생태계 교란종으로 지정되어 있지요.

★정브르의 생물 탐구★

동물 이름: 뉴트리아

남아메리카에 서식하는 거대 설치류인 뉴트리아는 모피와 고기로 유명해졌어요. 여러 지역에 수출되어 야생으로 퍼지면서 생태계에 피해를 주고 있어요. 우리나라에는 주로 낙동강 주위에 서식하며 생태계 교란종으로 지정됐어요.

영상으로
확인해 봐요!

브르의 희귀 동물 탐구 노트-②

찰스 다윈, 진화론

찰스 다윈은 19세기 영국의 생물학자로, 생물의 진화론이 발전하는 데 큰 기여를 했어요. 찰스 다윈은 비글호를 타고 여러 지역을 탐험했는데, 이때 갈라파고스 제도에서 특이한 새들을 보게 되었지요. 독특한 생김새 때문에 새로운 종이라고 생각했지만, 알고 보니 육지에 사는 '핀치'와 같은 종이었어요. 이를 통해 찰스 다윈은 같은 종이어도 환경에 따라 생김새가 다르게 진화할 수 있다는 사실을 알게 되었지요.

진화론의 섬, 갈라파고스 제도

갈라파고스 제도는 찰스 다윈이 진화론 연구를 위해 방문했던 장소로, 19개의 화산섬과 주변 암초로 구성된 섬이에요. 다른 대륙과 이어져 있지 않기 때문에 독특하게 진화한 생물이 많아, 갈라파고스 제도만의 특이한 고유종을 많이 만날 수 있어요.

갈라파고스 제도에 사는 생물

유네스코는 갈라파고스 제도의 아름다운 자연과 특이한 생물을 보호하기 위해 1978년 갈라파고스 제도를 세계자연유산으로 등록했어요. 생태계 보호를 위해 외래종의 유입을 철저하게 금지하고 있기에 갈라파고스 제도에 방문할 때는 살아 있는 동물이나 식물을 가지고 갈 수 없어요.

갈라파고스 제도의 대표적인 고유종으로는 갈라파고스땅거북이 있어요. 지구상에 서식하는 거북 중 두 번째로 몸집이 큰 육지 거북이며, 여러 가지 형태의 등딱지를 가지고 있어요. 또 다른 고유종으로는 바다이구아나가 있는데, 바다이구아나는 이구아나 중 유일하게 바다에서 생존할 수 있는 능력을 가지고 있어요. 기온에 따라 색깔이 변하며, 기온이 낮으면 어두운 색이 되지요. 이외에도 펭귄 중 유일하게 열대 지역에 서식하는 갈라파고스펭귄, 찰스 다윈의 진화론에 영감을 준 다윈 핀치 등 다양한 고유종이 서식하고 있어요.

갈라파고스땅거북

바다이구아나

미국
5화
괴물 물고기를 사냥하자!
짜안!
오늘은 고대하던 괴물 물고기인 엘리게이터 가아를 잡으러 갈 거예요.
트리니티강에는 최상위 포식자 물고기들이 많이 살아간다고 합니다.
많은 생물이 살아가는 트리니티강
잡으러 가 봅시다!
잉어인데 잘라서 미끼로 사용한대요.
배 위에서 선상 낚시 시작!

미끼를
껴서 던져 놓고
기다려야 해요.
미끼
엘리게이터 가아는
사냥할 때 먹이를
몇 번 툭툭
건드려 본대요.
미끼를
물 때까지
인내심을 가지고
기다려야 해요.
그때, 갑자기 팽팽해진 낚싯줄!
휘릭
낚싯대 드랙이
열심히 돌아가고
있어요!
휘리릭
쭈욱
제가 당겨
볼게요!
힘차게 후킹!
헉! 힘이
너무 세!
오히려 끌려가는 브르!
파닥
파닥
파닥
엄청나게 힘이 센 녀석!

헉헉,
힘들어…!
힘이 빠져서
서서히 끌려오고
있어요!
우아,
잡았습니다!
덥석
낚시 성공!
머리 윗부분과
이빨 부분이 마치
악어처럼 생겼다 해서
엘리게이터 가아
라고 불러요.
브린이를 위한 상식
엘리게이터 가아는 민물에 서식하는 물고기의 한 종류로, 주둥이와 이빨이 악어처럼 생겼어요. 물속에서의 이동을 도와주는 부레를 이용해서 호흡할 수 있고, 이 덕분에 산소가 부족한 물에서도 살아갈 수 있어요.
두근
사이즈를 측정해 볼게요.
약 122cm의
엄청 큰 사이즈!

이게 바로
엘리게이터
가아입니다!
짜
잔
이 강에는
롱노우즈 가아,
스포티드 가아,
노멀 엘리게이터 가아가
살고 있어요.
가아를
먹기도 하지만,
트리니티강은 중금속에
오염되어 있으니
조심해야 해요.
그래서 잡은
친구는 *방생을
하겠습니다.
잘 가,
친구~.
스윽
고마워~.
풍덩

*방생: 잡은 물고기를 놓아 살려 줌.

이번에는
더 큰 가아를
잡을 수
있을까요?
와,
이번에도
엄청 세다!
팔 딱
팔 딱
헥헥…!
힘이 점점 빠지고 있어요!
이런…!
또 가아 낚시 성공!
반가워~.
쪼 옥
노멀
엘리게이터
가아만
잡히네요.
참고로 저희는
정식으로 면허를
발급받아 낚시를
하고 있습니다.

색깔이 굉장히 영롱합니다.

가아 비늘은 *방탄 기술을 연구할 때 많이 쓰인다고 해요.

탄 탄

이 친구도 바로 방생 해 줄게요.

정말?

다시 봐도 엄청난 크기!

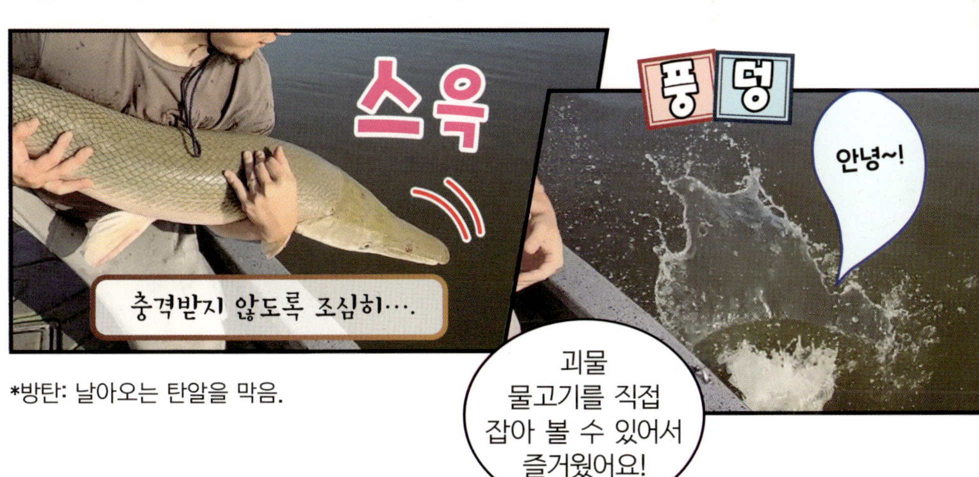
스윽
충격받지 않도록 조심히….
풍덩
안녕~!
괴물 물고기를 직접 잡아 볼 수 있어서 즐거웠어요!

*방탄: 날아오는 탄알을 막음.

귀여운 투구게를 만나 보자!

이곳은 테라핀의 최대 서식지라고 할 정도로 테라핀이 많이 밀집해 있는 곳입니다.

아이고….
로드킬을 당해 죽어 있는 테라핀을 발견했어요….

브린이를 위한 상식

로드킬이란 동물들이 도로를 건너다가 운송수단에 치여 죽는 현상을 말해요. 자동차의 불빛에 의해 일시적으로 시력을 잃어 피하지 못하는 경우도 있고, 도로 양쪽으로 나뉜 서식지를 가로지르려다 다치기도 해요.

안타깝습니다….
나도 건너야 하는데….
살아 있는 테라핀을 발견했어요!

다이아몬드 백테라핀
다이아몬드 백테라핀은 국제적 멸종위기종 2급으로 지정되어 있고,
등에 있는 무늬와 똘망똘망한 눈이 매력인 친구예요.
테라핀을 더 안전한 곳으로 옮겨 준대요.
붉은귀거북
안녕~.
이 친구는 이스턴 페인티드 터틀인 것 같아요!
반가워~.
늑대거북 새끼도 있네요!
다양한 거북이 보호받고 있어요.
사랑스럽죠?

인공부화로
태어난 다이아몬드
백테라핀
새끼래요!
보호해 줘서
고마워!
앙
증

어! 투구게다!

투구게도
이런 *기수지역에서
사는데, 산란 시즌이
되면 이런 갯벌에다가
산란을 하고
생을
마감하거나
다시 바다로
돌아가요.

브린이를 위한 상식

습지는 대개 땅이 얕은 물에 잠겨 있는 지역을 뜻해요. 습지는 다양한 동물들에게 서식 환경을 제공하고, 인간에 의해 발생한 수질오염 물질을 정화시키는 중요한 기능을 해요. 또한 비가 많이 오는 우기에는 땅에 수분을 저장해 두었다가 비가 적게 오는 건기에 공급하여 수분을 조절할 수 있어요.

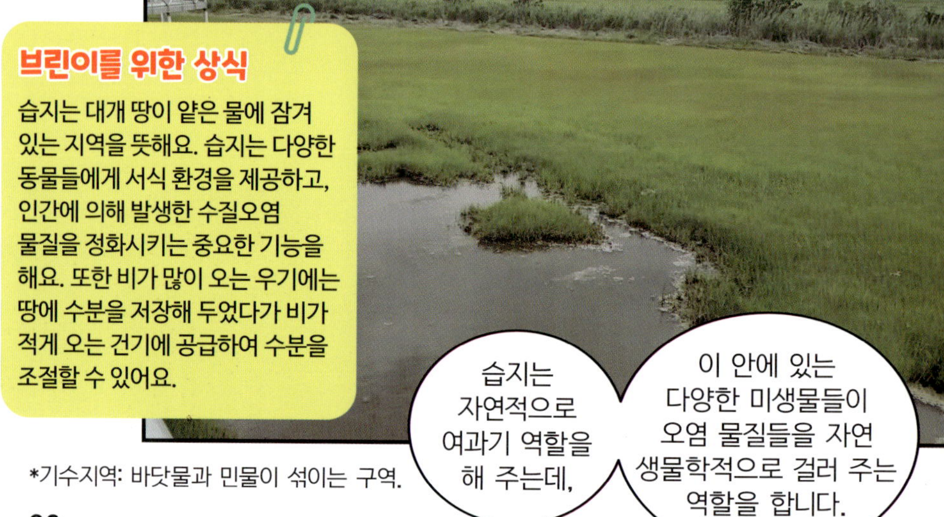
습지는
자연적으로
여과기 역할을
해 주는데,
이 안에 있는
다양한 미생물들이
오염 물질들을 자연
생물학적으로 걸러 주는
역할을 합니다.

*기수지역: 바닷물과 민물이 섞이는 구역.

테라핀 스테이션이라는 곳에 왔어요.
갯벌 속을 보여 주는 단면도
볼거리도 많고,
다양한 친구들이 지내고 있네요.
샌드 달러다!
샌드 달러의 문양은 인위적으로 만든 게 아니라 자연적으로 생겨난 문양이에요.
정말 신기하죠?

브린이를 위한 상식

샌드 달러는 척추가 없는 해양 동물 중 하나로, 납작하고 둥근 모습을 가지고 있어요. 예쁜 꽃잎 모양의 무늬가 특징이며, 보통 화석 껍데기 형태로 전시된 걸 만날 수 있어요.

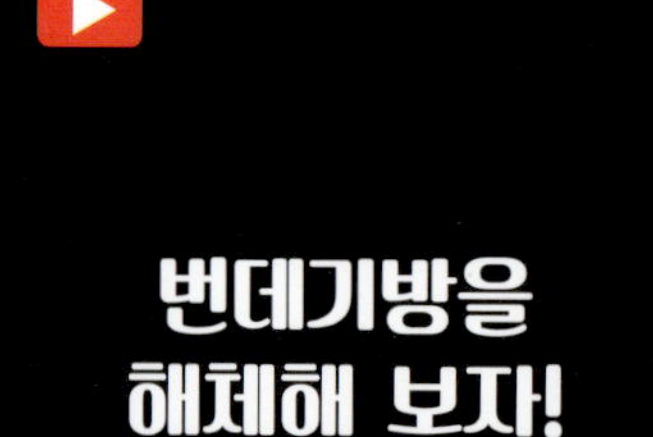
번데기방을
해체해 보자!

오늘은
미국의 유일한
곤충 숍을 방문해서
다양한 곤충들을
보여 드릴게요!

저는 꼭
미국 장수풍뎅이를
보고 싶었어요.

미국에 사는
장수풍뎅이인데,
크기가 거의 3~6cm
까지 커지고,

남방장수풍뎅이
쪽에 속해요.

Ox Beetl
Strategus al

알로에우스 장수풍뎅이

달칵

여기에
어떤 친구가
있을까요?

아메리칸
자이언트
스태그 비틀!

미국 남부랑
중부 지역에
서식하고 턱이
크고 몸이 좀
작습니다.

브르가
왔다고?

짜잔

우아!
두둥
그란티
장수풍뎅이예요.
이 친구는
애리조나주에서
주로 서식해요.
척
나
어때?
뿔이 정말
멋있네요!
길쭉
이 친구는
티티우스
장수풍뎅이예요.
반가워!
확실히
그란티보다 색깔이
좀 더 노란빛이 나고,
뿔이 좀 짧죠?
티티우스
장수풍뎅이
그란티
장수풍뎅이
나
키워 볼래?

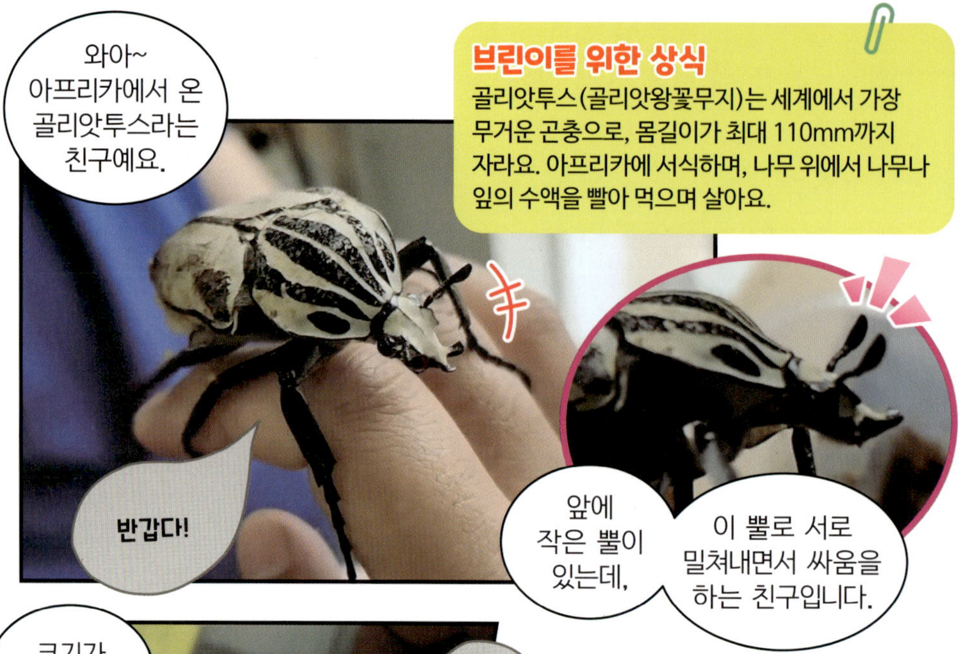

와아~ 아프리카에서 온 골리앗투스라는 친구예요.

브리이를 위한 상식

골리앗투스(골리앗왕꽃무지)는 세계에서 가장 무거운 곤충으로, 몸길이가 최대 110mm까지 자라요. 아프리카에 서식하며, 나무 위에서 나무나 잎의 수액을 빨아 먹으며 살아요.

반갑다!

앞에 작은 뿔이 있는데,

이 뿔로 서로 밀쳐내면서 싸움을 하는 친구입니다.

크기가 정말 커요.

내가 좀 크지?

큼직

이런 크기는 아프리카 골리앗투스, 하나뿐이에요.

헉! 이건 곤충 사체?!
두둥
모르는 척 지나가 줘~.
머쓱
죽은 척하는 습성이 있는 사막철갑 딱정벌레라고 하네요.
재밌는 친구들이죠?

티티우스 장수풍뎅이의 코쿤이에요. 엄청 많아요!

유충 기간이 1년 조금 넘거나 길면 3년 가까이 된다고 해요.

브린이를 위한 상식

코쿤(고치)은 곤충이 애벌레에서 번데기가 될 때, 스스로를 보호하기 위한 목적으로 만드는 집이에요. 골리앗투스는 자신의 배설물과 주위의 흙 등을 모아 코쿤을 만들어요.

꼭 초콜릿 같죠~?

우린 초콜릿이 아니야!
번데기가 되길 기다리는 중
구멍이 나면 번데기가 되는 과정에서 대부분 죽는다고 해요.

꽁꽁
이렇게 붕대를 감아서 구멍을 막아 줘야 해요.

성충은 꺼내도 됩니다. 제가 한번 코쿤을 뜯어 볼게요.
빼꼼
나갈 시간이야?
모습을 드러낸 골리앗투스
안녕?
스윽
골리앗투스 암컷이에요.
나무 수액을 빨아 먹기도 하고,
나뭇잎을 뜯어서 나오는 물을 빨아 먹으면서 살아가요.
나 귀엽지?
이번에는 티티우스 장수풍뎅이의 번데기방을 파 볼게요.
팍
팍
짜잔
번데기가 보여요!

꿈틀
꿈틀
흉곽에 작은 뿔이 두 개 있어요.
인공 번데기방에 보관된 번데기들
주황색을 띠는 것은 조금 늦게 번데기가 된 거예요.
흙 속에서 성충으로 *우화한 친구도 있어요.
습기가 있으면 색깔이 검은색이 되네요.
이 친구는 암컷이네요.

*우화: 번데기가 날개 있는 성충이 됨.

미국
6화
대형 도마뱀을 만난 브르

테구를 키우는 *브리더분의 집에 놀러 왔어요!
이게 전부 테구라고 합니다.
엄청난 스케일의 테구 사육장!

브린이를 위한 상식

테구는 채찍꼬리도마뱀과에 속하는 여러 종의 도마뱀을 가리켜요. 대형 육상 파충류이며, 남아메리카가 원산지예요.

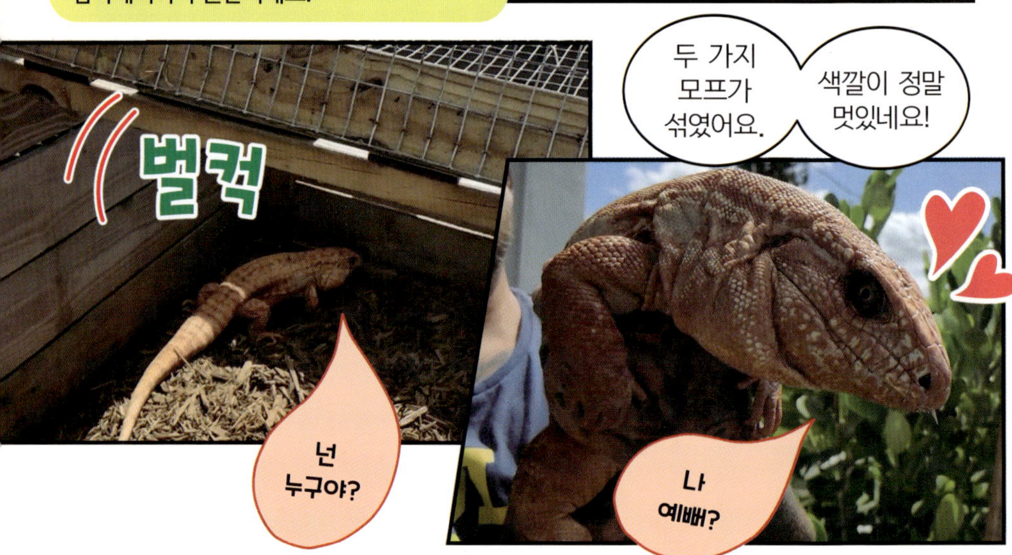
벌컥
넌 누구야?
두 가지 모프가 섞였어요.
색깔이 정말 멋있네요!
나 예뻐?

*브리더: 사육자. 동식물의 교배, 사육을 전문적으로 하는 사람.

이 친구는 암컷이고, 블루와 레드의 모프 조합이라고 해요.
나 정말 멋지지?

브린이를 위한 상식

모프는 같은 종의 생물에서 나타나는 모습이나 고유한 특징(몸색)을 말해요. 파충류는 같은 종임에도 유전자에 따라서 여러 색이 발현되거나 상실되어 다른 색이 나오는 경우가 있답니다.

이 친구는 루비 레드의 시초입니다.

*알비노 친구도 있네요~.

이 친구는 슈퍼 블루라는 모프예요.

오늘 날씨 정말 좋다~!

엄청 독특하죠?

*알비노: 신체의 일부 또는 전체에 색소가 없는 현상.

여기는
인큐베이터
방이에요.
알이 잔뜩
있어요!

스윽
브리더님께서
보여 주실 게
있대요.

바글
우아!
바글
짜
잔

갑자기 움직이는 알!
꿈틀
꿈틀
나온다!
빠각

빼곰
안녕?
조금만 더 힘내!
부화성공!
톡톡
알에서 나오지 못하면 살짝 자극을 줘요.
정말 감격스러운 순간이에요!
쑤욱
기특하게 나와 주네요.
반가워!
이곳은 육지 거북 사육장이에요.
박스 터틀이에요!
안녕?

브린이를 위한 상식
박스터틀의 가장 큰 특징은 복갑(배딱지)에 있는 관절이에요. 이 관절을 이용해서 마치 로봇이 변신하는 것처럼 복갑을 열었다 닫을 수 있지요. 이는 천적으로부터 몸을 방어하기 위한 수단으로 사용돼요.
밥 주세요!
이 친구는 레드풋이네요.
정말 멋지죠?
쭉 늘어선 사육장
스파이니테일 이구아나!
라이노 이구아나!
정말 다양한 생물이 살고 있어요!

이구아나랜드로
떠나자!

오늘은 이구아나랜드라는 파충류 동물원에 방문했어요!
IguanaLand
두근
진짜 기대된다!

들어오자마자 아네가다 록 이구아나를 만났어요!

눈이 굉장히 초롱초롱하고 예쁩니다.

정브르다!

전 세계에서 300마리밖에 없다고 해요. 진짜 크고 멋져요!

내가 좀 귀해!

꼬리에서 에메랄드빛이 나요.

자연적인 빛깔이 매력적이죠?

관리가 정말 잘 되어 있다!

이 친구가
제일 오래된 종이고
이 이구아나에서
파생되어 다른
아종들이 나왔다고
해요.
현재는
야생에서 보기 힘든
보호종이랍니다.
여러 이구아나의 뿌리격인 록 이구아나.

매우 귀한
알비노 워터 모니터
암컷이에요.
지금
배에 알을 품고
있대요!

레드 테일 보아
거
대
와~ 진짜 크다!

3m는 될 것
같아요. 무지개
색을 띠네요.
엄청
두툼합니다.

엄청난 스케일의 야외 사육장
어떤 친구들이 있을까요?

안녕?

재밌게 놀다가 가~.

국제적 멸종위기종 1급인 방사 거북입니다.
방사거북

브린이를 위한 상식

방사거북은 마다가스카르에 서식하는 육지 거북이에요. 세상에서 가장 아름다운 육지 거북이라 불릴 만큼 아름다운 등껍질 무늬를 가지고 있어요. 불법 포획과 서식지 파괴 등으로 개체 수가 줄어, 지금은 국제적 멸종위기종 1급으로 보호받고 있어요.

초롱 초롱

버마별거북
아~
날씨
좋다~!
별거북들이 산책하고 있네요~.

이 친구는
라이노 이구아나
수컷입니다.

브린이를 위한 상식

라이노 이구아나는 커다란 몸집과 뿔, 납작한 꼬리를 가지고 있어요. 생김새와 회색 몸이 코뿔소를 닮았다고 하여 라이노(rhino, 코뿔소) 이구아나라고 불러요. 멸종위기종이기 때문에 국제적 멸종위기종 1급으로 지정하여 국제 거래를 막고 있어요.

쓰담
머리가
단단할 줄
알았는데 말랑말랑
합니다.
등은
뾰족해 보이는데
아프지 않네요.
기분
좋다~.
말랑

저쪽에 라이노 이구아나 암컷이 산란하려고 준비 중이네요!
곧 알을 낳을 거야!
이구아나는 땅을 파서 산란해요.
이곳에서 보호받으면서 산란한다니 안심이 되네요.
쏘옥
쿠바 록 이구아나예요!
나도 쓰다듬어 줘!
신기
사람 손을 피하지 않아요.
스윽
꼬리를 들어 올리는데, 맞을 수 있으니 조심해야 해요!
플로리다는 파충류를 키우기 정말 좋은 환경이라서,
그냥 자연에 풀어 놓고 돌보고 있어요.
알다브라 땅거북
아~ 여유롭다~.

기분 좋다~!
신난다~!
엉금 엉금
헥, 헥!
숨차~!
거대
알다브라땅거북은
세계에서
두 번째로 큰
육지 거북이에요.
이렇게
목을 만져 주면
좋아한대요.
쓰담
아이
좋아~.
두툼
무거운
몸을 지탱하기
위해서 다리가 굉장히
튼튼해요.
큼직
발은
코끼리 발과
비슷하게
생겼네요!

배가
둥글둥글
하네요~.
육지 거북은
등의 나이테로
나이를 측정해요.
나이테
저기에
설가타거북이
있어요!
여유롭게 산책 중인 거북
나른한
오후야~.
정말 크다!
이만한 크기는
처음 봐요.
톡 톡
귀찮군….
휘 익
앗, 가 버렸어요….
다양한
친구들을 만날 수
있는 정말 소중한
시간이었어요!

야생 악어를
만나다!

이곳에서
악어를 잡을 수
있다고 해요!
어떤 친구들을 만날까~?

과연
잡을 수
있을까요?
스윽

잡았다!

파닥
파닥

이 친구는
플로리다
가아입니다!
잡히다니~.

아직 새끼 같아요. 대략 50cm 됩니다.
길 쭉
수로에서 잡힌 플로리다 가아!

풀어 줄게. 잘 가~.
고마워~.
제가 꼭 악어를 잡겠어요!
브르 도전!
잡혔어!

블루니삭스라는 친구예요.
구피처럼 새끼를 낳아요.
우리 잡힌 거냐…?
독특하게 생긴 물고기!

몸은 송어랑 비슷하고 이빨이 굉장히 날카롭네요.
너도 풀어 줄게. 잘 가~.
고맙습니다!
바위 밑에 악어가 있는 것 같아요!
Z Z Z
쿠울~ 쿠울~.
곤히 자고 있는 악어!
깨우지 않게 조심히 다가갈게요!
살금 살금
덥석

잡았다!
수로에서
악어를
잡았어요!
이,
이럴 수가!

브린이를 위한 상식

악어는 거대하고 강력한 파충류로, 길쭉한 몸과 주둥이, 뾰족한 이빨을 가지고 있어요. 주로 늪에 서식하며 물고기, 개구리, 육상 동물 등 종을 가리지 않고 무엇이든 잡아먹지요.

3m 이상
자라는 엘리게이터
악어의 새끼예요.
정말 멋지죠?

둥근
두상을 가지고
있어요.
나한테
물리면
아프다!
집으로
보내 주도록
할게요.
잘 가~.
이거
놔!
촤앗

지나
갑시다~.
길에서 렛스네이크 발견!
앗!
뭐야!
얌전
엄청
온순해요.
우리나라
황구렁이랑
비슷하게
생겼어요.
가만히 있네?
참
예쁘죠?
///
///
내가 좀
예뻐~.
건강히 잘
지내렴~.
브르도
잘 지내~.
자연으로 돌아가는 야생 뱀!

정브르의 생물 탐구

파충류인 거북은 단단한 등딱지 안에서 살아가요.
육지거북과 바다거북 등 다양한 환경에서 서식하며,
종에 따라 육식, 초식 등으로 식성도 다양해요.

영상으로 확인해 봐요!

★정브르의 생물 탐구★

동물 이름 : 악어거북

악어거북은 늑대거북의 한 종류로, 공룡을 닮은 무서운 모습과 강한 무는 힘을 가지고 있어요. 꼬리는 발톱처럼 단단하고 길게 생겼는데, 포식자들로부터 몸을 보호하는 역할을 해요.

★정브르의 생물 탐구★

동물 이름 : 인도별거북

별거북은 등딱지에 별과 같은 무늬가 그려져 있어서 별거북이라는 이름이 붙었어요. 예쁜 무늬 때문에 사육 거북으로 인기가 많은데, 무분별한 포획으로 인해 지금은 국제적 멸종위기종으로 보호받고 있어요.

영상으로 확인해 봐요!

브르의 숨은 그림 찾기
꼭꼭 숨어 있는 그림 5개를 찾아보세요.

숨은 그림 5개
당근 화분 바나나 안경 아이스크림

인도네시아
7화
술라웨시섬에서 등화 채집하기

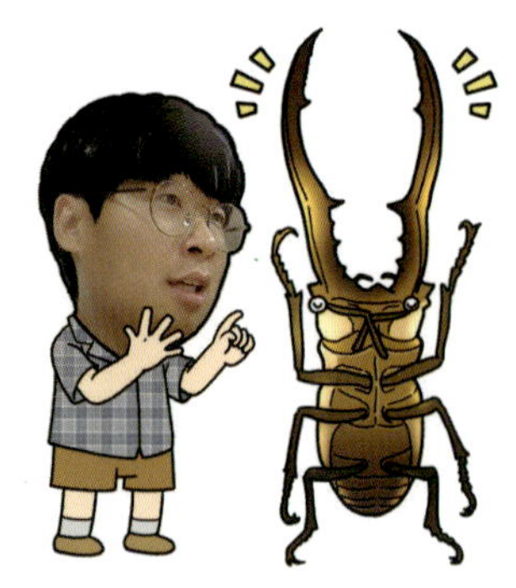

인도네시아 술라웨시섬에서 등화 채집을 할 거예요.

비가 온 후라 흙이 다부집니다. 메탈리퍼 가위사슴벌레가 이런 흙을 좋아한다고 해요.

확실히 점토 성향이 강합니다.

등화 채집을 위해 전선이랑 발전기를 준비해 왔어요.
곤충들이 수은 램프의 빛을 보고 날아올 거예요.
천
전선
발전기
수은 램프

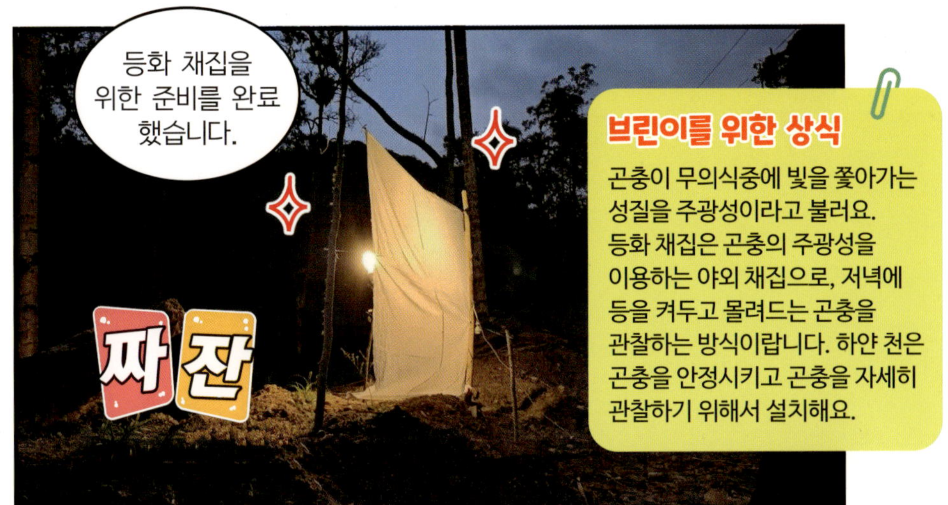
등화 채집을
위한 준비를 완료
했습니다.
짜잔

브린이를 위한 상식

곤충이 무의식중에 빛을 쫓아가는 성질을 주광성이라고 불러요. 등화 채집은 곤충의 주광성을 이용하는 야외 채집으로, 저녁에 등을 켜두고 몰려드는 곤충을 관찰하는 방식이랍니다. 하얀 천은 곤충을 안정시키고 곤충을 자세히 관찰하기 위해서 설치해요.

안녕?
좋은
밤이야~!
여러 종류의
친구가 놀러 오고
있어요!
여기
좋다!

늠름
옥시피탈리스
톱사슴벌레가
놀러 왔어요.
나
멋지지?
활짝
오!
날개도 정말
멋지다!

이 친구는
오돈톨라비스
종류인데, 그중
하나일 거예요.
진짜 멋있죠?
건들지 마!
아악!
꼬집
어?!
착
앗
흥!
슝~
앗, 가 버렸다…!
이 친구는
아틀라스
장수풍뎅이예요!
초단각이네요.
내 색깔
예쁘지?
반짝
반짝
놀러 와 줘서 고마워~.

아틀라스
장수풍뎅이
암컷도 왔어요.
짝꿍일까요?
내 남편
봤어?
색도
생김새도 확실히
다르죠?
남편한테
갈 거야.
아틀라스
장수풍뎅이 장각
친구도 왔어요!
길쭉
와,
이 친구는 외뿔
장수풍뎅이예요.
육식을
하는 곤충인데
우리나라에도
있습니다.
그런데
체형과 등에
있는 줄무늬가
달라요.
반가워요.
짝꿍과
함께 다니고
있네요.

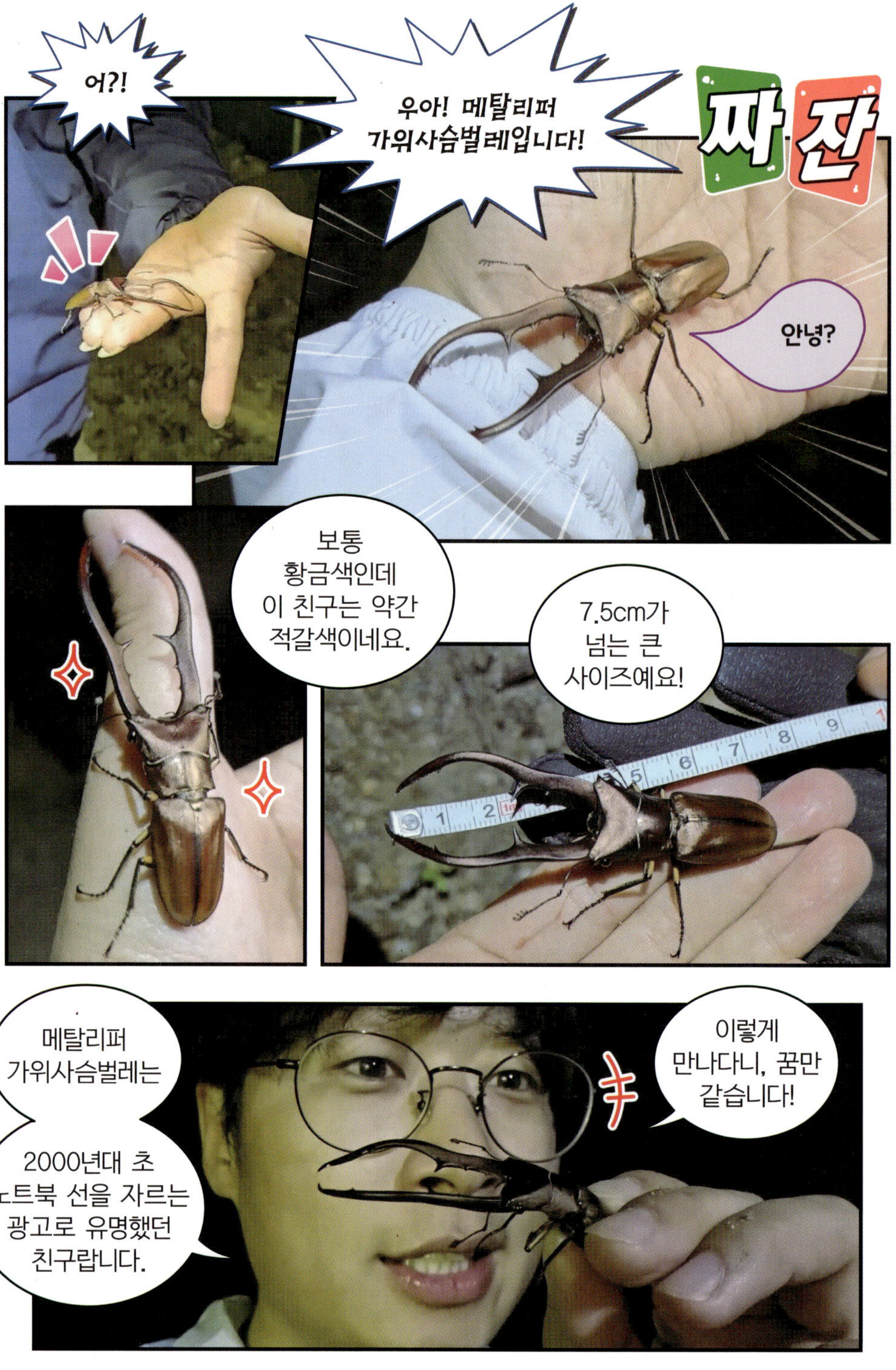

어?!

우아! 메탈리퍼 가위사슴벌레입니다!

짜잔

안녕?

보통 황금색인데 이 친구는 약간 적갈색이네요.

7.5cm가 넘는 큰 사이즈예요!

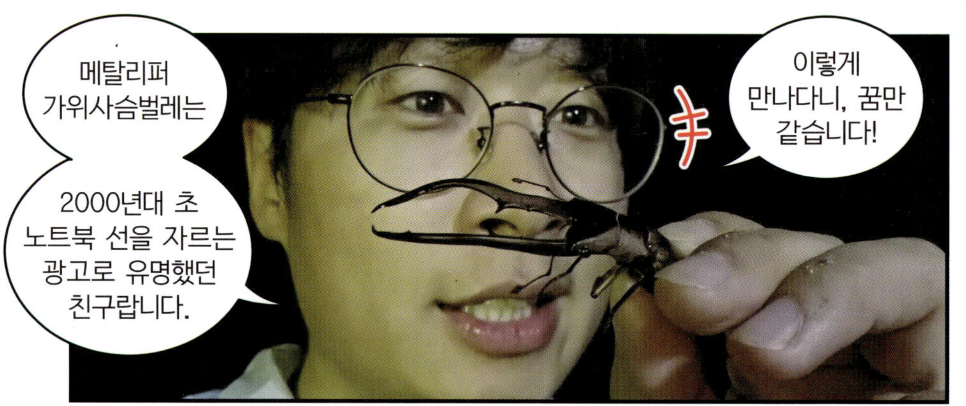

메탈리퍼 가위사슴벌레는
2000년대 초 노트북 선을 자르는 광고로 유명했던 친구랍니다.
이렇게 만나다니, 꿈만 같습니다!

활
짝
난 이제 간다!
슈웅!
감탄 나는 것도 멋지네요!
시간이 좀 지나자 더 다양한 친구들이 놀러 왔어요.
바 글 바 글
타이타누스 (넓적사슴벌레) 암컷이에요.
안녕~!

반가워~.
이번에는 수컷이에요. 확실히 암컷과 차이가 있죠?

브린이를 위한 상식

술라웨시 섬은 북부, 중부, 남부로 나뉘는데, 지역에 따라 사슴벌레의 턱 모양이 달라져요. 남부에서는*상향 내치와 하향 내치, 중부에서는 중향 내치 모양을 가진 사슴벌레가 서식하지요.

*상향 내치: 큰턱의 큰 이빨이 턱 위쪽에 붙음.

매우
특이한 친구인
클립 비틀이에요!
놔 주세요!
이 친구는
이렇게 거꾸로
뒤집히면
머리를
튕겨서
일어나요.
까 딱
까 딱

이렇게 뒤집어 놓으면….
촤악
머리를 튕기며 순식간에 점프!

인기가 정말 많네요!
다양한
친구들을
만날 수 있는 즐거운
시간이었습니다!
우리도
즐거웠어!

악마의
도마뱀을 만나고
생긴 일

이번엔 악마의 도마뱀이라고 하는 토케이 게코를 잡으러 왔어요!

토케이 게코는 야행성이라 밤에 불빛으로 모이는 벌레들을 잡아먹어요.
벽에 붙어 있는 토케이게코!
일행이 포충망으로 토케이 게코를 잡았습니다!

잡히다니!
크다!

브린이를 위한 상식

토케이 게코(토케이도마뱀붙이)는 수컷이 짝을 찾을 때 '토케이, 토케이' 하고 울어서 토케이 게코라는 이름이 붙었어요. 동료 의식이 있어서 동료가 천적에게 공격당하면 달려와서 도와준답니다.

거의
성체 크기로 자란
준성체 정도의
사이즈인데 5~7cm는
더 커져요.
놔 줘~!
색깔이 예쁘네요!

토케이 게코는
국제적 멸종위기종
2급으로
채집하고,
판매할 때 법적허가를
받아야 하는데,
술라웨시섬에서는
잡아서 먹는대요.

브린이를 위한 상식

국제적 멸종위기종(CITES)은 멸종위기에 처한 야생 동식물들을 국제 거래할 때 따라야 하는 협약이에요. 멸종위기종의 국제 거래를 통제함으로써 무분별한 포획과 불법 거래를 막는 역할을 하지요. 토케이 게코는 2급으로 보호받고 있어요.

하우스
게코다!
깜짝
후다닥
빠르다!

또 다른
토케이 게코가
있어요!
잡았다!
좌악
으아!
이거 놔!
버둥
버둥
독을
품은 것처럼
입안이 까매요.
오렌지 색깔
점이 무척 예쁘고
매력적인 친구네요!
놔 주세요….
물렸다간
큰일 날 거 같은
큰 사이즈예요.

사이즈는 26cm 정도예요.
지금보다 훨씬 더 커질 거예요.
다시 돌려보내 줄게요~.
정말?!
활짝
토케이 게코는 동족이 공격을 당하면 도와주는 친구예요.
정말 멋진 우정을 가진 친구들이죠?
만나서 반가웠어!
고마워~.
이 도마뱀은 너무 사랑스러운 하우스 게코예요.
집에서 키우고 싶어 하시는데, 생각보다 사람 손을 잘 안 타요.

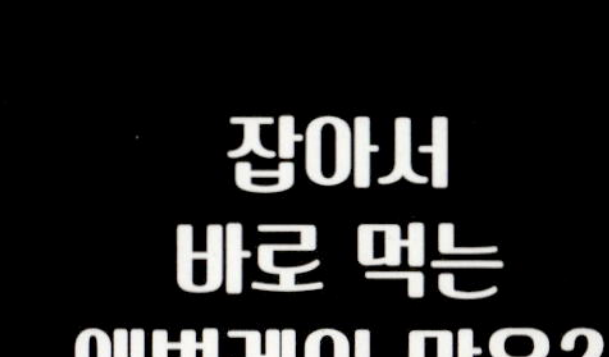
잡아서
바로 먹는
애벌레의 맛은?

오늘의
채집을 위해
산을 오르고
있어요.
어떤 친구들을 만나게 될까요?

노린재
잎벌레
사마귀
다양한
친구들이
반겨 주네요!

와아!
깡충거미
수컷이에요!
들켰다!

브린이를 위한 상식

깡충거미는 작은 몸집에 비해 매우 좋은 시력을 가진 것이 특징이에요. 인기척을 느끼면 점프해서 피하는 모습을 본떠 깡충거미라고 불러요. 거미줄을 치기보다는 먹잇감을 찾아 돌아다니면서 사냥해요.

독아가
엄청 커요.
이 친구는
술라웨시섬
중부에서만
살아요.
정말
유명하답니다.
꼭
만나고 싶었는데
이렇게 만나다니
너무 신기해요!
내가 좀
멋져!
정말 멋있죠?
정글에서
게를 만났어요.
네가 왜 여기서
나와…?
흰 점박이
블랙 계열!
색이
정말 예뻐요!

개구리알
붙여 놓은 것
같이 생긴 특이한
잎사귀예요!
오돌토돌
일행이
무언가 발견한 것
같아요! 뭘까?
우아!
짜잔
오돈톨라비스
중에 달마니라는
사슴벌레
수컷이에요!
나랑
놀자~!
정말 멋진
광택과 외형을
가졌네요!
뿔이 엄청 멋지죠?

나를
찾아내다니!
에거스를
발견했어요!
꼬마
넓적사슴벌레
종류예요.
이런
나무 사이에서
달마니랑 에거스를
발견했어요.
흔들
흔들
그럼 나무를
흔들면 또 다른
친구를 만날 수
있을까요?
투두둑
뭔가 떨어졌어요!
암컷
수컷
달마니
한 쌍을
발견했어요!

나무 위에서
놀고 있었나 봐요.
암컷과
수컷 한 쌍!
진짜 멋있다~.
사이좋게 지내렴~!

와아!
정말 멋진 황금색
개미예요!

바구미
애벌레다!

한번
먹어 볼게요.

냠

흠….
나쁘지는
않아요.

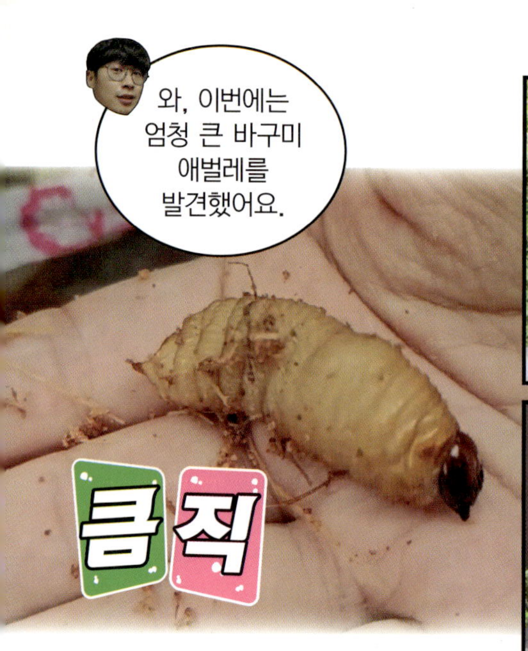
와, 이번에는
엄청 큰 바구미
애벌레를
발견했어요.
큼직

한번
먹어 볼게요.

뭉클뭉클한데,
냄새도 맛도
딱히 없네요.

바구미
애벌레들이 나무
안에서 꿈틀대고
있어요.
꿈틀
꿈틀
자연 속에서 살아가는 생물들

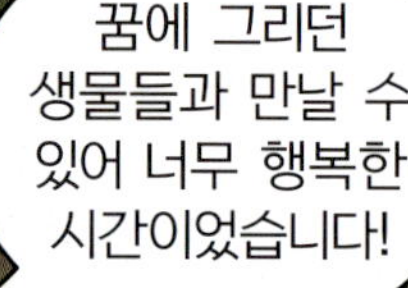
꿈에 그리던
생물들과 만날 수
있어 너무 행복한
시간이었습니다!
자연은 정말 신비롭습니다.

정브르의 생물 탐구

거미는 절지동물의 한 종류로, 보통 8개의 홑눈과 4쌍의 다리를 가지고 있어요. 몸이 머리, 가슴, 배로 나뉜 곤충과 달리 몸이 머리가슴과 배로 나뉘어요.

영상으로 확인해 봐요!

⋆정브르의 생물 탐구⋆

동물 이름 : 주홍거미

주홍거미의 이름은 몸 색깔에서 유래했는데, 수컷이 크면 배가 주홍색으로 바뀌어서 주홍거미라는 이름이 붙었어요. 초원과 같이 건조한 곳에 땅굴을 판 뒤, 천막 모양의 그늘을 치고 살아가요.

⋆정브르의 생물 탐구⋆

동물 이름 : 무당거미

노란색, 검은색이 섞인 몸 색깔이 무당의 옷과 비슷한 무당거미는 흔하게 볼 수 있는 거미 중 하나로, 호랑거미와 비슷하게 생겼어요. 나뭇가지 사이에 거미줄을 치고, 거미줄에 걸린 작은 곤충들을 먹으면서 살아가지요.

영상으로 확인해 봐요!

브르의 미로 찾기
미로를 탈출해 도착지로 가요.
출발

도착

정답

60~61p

브르의 다른 그림 찾기
왼쪽과 오른쪽 그림을 비교하고 다른 곳 5군데를 찾아봐요.

118~119p

브르의 숨은 그림 찾기
꼭꼭 숨어 있는 그림 5개를 찾아보세요.
숨은 그림 5개
당근 화분 바나나 안경 아이스크림

138~139p

브르의 미로 찾기
미로를 탈출해 도착지로 가요.
출발
도착

무한의 계단 발명코믹북 2권 출간!

"이름을 말하는 순간, 공포가 너를 삼킬 것이다."

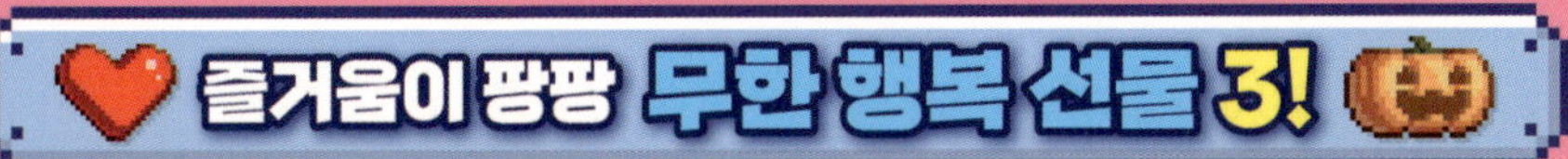
즐거움이 팡팡 무한 행복 선물 3!

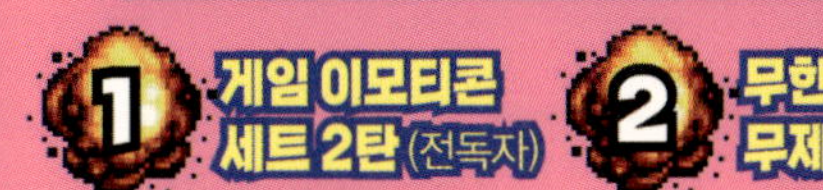
1
게임 이모티콘 세트 2탄 (전독자)

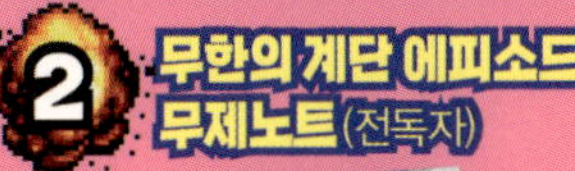
2
무한의 계단 에피소드 무제노트 (전독자)

3
시나모롤 키즈 여행가방 폴라로이드 카메라

★ 띠지 뒷면의 번호 사용
(사용 방법은 168쪽 참고)

추첨 25명!

INFINITE STAIRS © NFLY.S

구입문의: 02-791-0708 서울문화사

글로벌 인기 모바일 게임으로 등극한 <쿠키런: 킹덤>
쿠키들의 이야기로 만나는 어린이 필수 경제 상식

쿠키런
킹덤

최고의
경제·금융
전문가
추천
부자되기 습관
경제 학습만화
쿠키런
킹덤스쿨
8 | 무역 영웅 vs 주식 개미
서울문화사

감수 JA Korea 글 김언정 그림 이태영 값 15,000원

부자되기 습관
경제 학습만화
쿠키런
킹덤스쿨
8 | 무역 영웅 vs 주식 개미

★ 돈 걱정 NO! 소비 계획 YES!
★ 신나게 익히는 알짜 경제 상식!

투자를 위해 매직토이 주식회사를 찾은 쿠키들.
쿠키들은 첫 투자에서 성공하고 돈을 벌 수 있을까?

끼아아아아!
이건 또 뭐야아아!
장난감이에요!
재밌죠?
두 번 재밌다간
반쪽에서 영혼이
도망갈 것 같아요.
으어어…
이제 그만해
주세요.
증권 계좌 개설은 입출금
통장을 만들었을 때와 같습니다.
계좌에 예탁금을 입금한
다음에 그 금액 내에서 주식을
주문하면 됩니다.
여러분이 원하는 회사의
주식을 원하는 가격으로 원하는
수량만큼 살 수 있지요.
주식 매수는 증권 회사에서
또는 집에서 할 수 있어요.
오프라인 방식(증권 회사 방문)
오프라인 또는 온라인을 통해
매수 종목과 매수 방식 선택
와아
야호! 우리도
이제 부자가
될 수 있어!
와
신난다~!
만세~!
와아
세계 여러 나라의 종합 주가 지수는?
각 나라에는 그 나라 증권 거래소에 등록된 모든 주식의 흐름을
나타내는 종합 주가 지수가 있어. 여러 나라에서는 주가 지수를
어떻게 부르고 있는지 대표적인 종합 주가 지수를 알아보자.
영국
캐나다
미국
프랑스 CAC
이탈리아
멕시코

© Devsisters Corp.

구입문의 : 02-791-0708 (출판마케팅) 서울문화사

YouTube 35만 구독자 귀염뽀짝 수달의 일상 이야기

안녕하세요?

이웃집수달입니다!

Chapter 1 뽀시래기 모카의 성장기

Chapter 2 모카, 토피 그리고 4남매

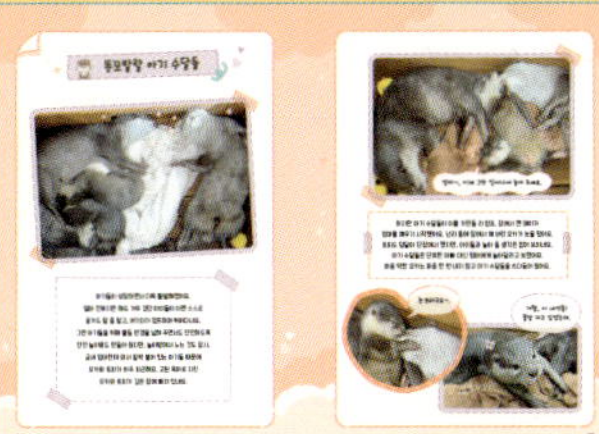

Chapter 3 포토 화보

©Ottershome. All Rights Reserved.

값 14,000원 문의 02-791-0752 서울문화사

유튜브 인기 애니메이션

뚜식이

우리는 사이좋은 남매!

상상 초월! 웃음 폭탄! 공감 스토리!
뚜식이 2

뚜식이
컷!

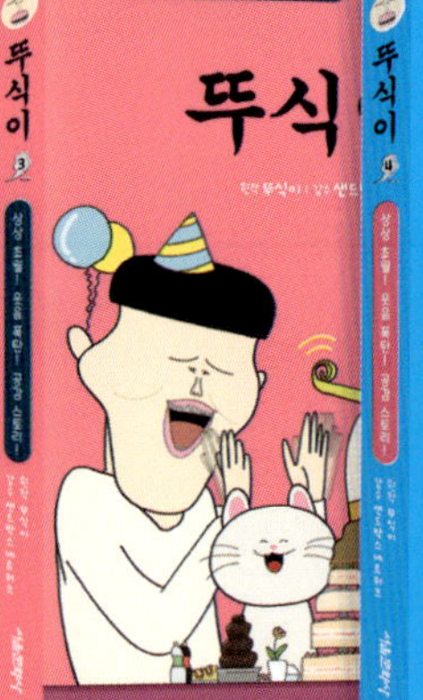
뚜식이

상상 초월! 웃음 폭탄! 공감 스토리!

뚜식이 4

컷!

엉뚱 발랄

뚜식이 뚜순이 남매의

웃음 폭탄 이야기!

하하하

뚜식이

"오늘 읽을 <뚜식이>를
내일로 미루지 말라!"

- 천재 뚜식이의 말씀 -

뚜식이 특★판
원룸소년단 1
원룸소년단 2
원룸소년단 SPECIAL BOOK

ⓒ뚜식이. ⓒSANDBOX NETWORK.

구입문의 02-791-0708 (출판마케팅) 서울문화사

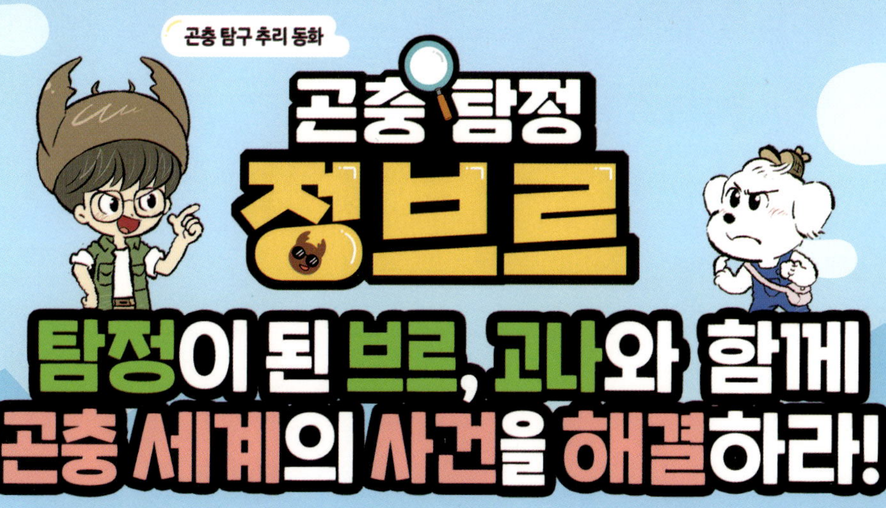

탐정이 된 브르, 고나와 함께
곤충 세계의 사건을 해결하라!

원작 정브르 | 감수 샌드박스네트워크 | 값 14,000원

흥미진진 추리 스토리

알쏭달쏭 생물 탐구

©정브르, ©SANDBOX NETWORK.

구입 문의 (02)791-0708 서울문화사

브린이를 위한 도서!
정브르의 파충류일기
브르와 함께 떠나는 파충류·양서류 여행!
정브르의 곤충일기
브르와 함께 곤충 탐험을 떠나요!
정브르의 파충류일기
정브르의 곤충일기